高速バス進化の軌跡

1億人輸送にまで成長した50年の歴史と今

和佐田貞一
Wasada Teiichi

交通新聞社新書 081

高速バス進化の軌跡——目次

第2章 高速バス路線免許をめぐる争い ――国鉄バスvs民営バス、最適任者はどっちだ?

第3章　高速バスはこうして始まった
――名神・東名・中国ハイウェイバス、ドリーム号の登場

ドリーム号

中国ハイウェイバス

第4章　高速道の延伸と規制緩和
——得意分野で発展し、1億人輸送機関へ

第5章　全国に広がる高速バスネットワーク
――欠くことのできない公共交通機関に成長

第6章 高速バスの「便利でお得」と「選択の条件」とは
――選択基準は「時間差100分以内・運賃差／時2000円以上」!?

第7章 進化を続ける高速バスの安全対策
――法整備・ソフト・ハード対策で、より安全で安心に

写真提供／ジェイ・アール北海道バス　ジェイアールバス関東
ジェイアール東海バス　西日本ジェイアールバス
中国ジェイアールバス　ジェイアール四国バス　ＪＲ九州バス
いすゞ自動車　日野自動車　弘南バス　九州産交バス
西日本鉄道　神姫バス　ＮＥＸＣＯ中日本　佐藤　郷（順不同）
交通新聞サービス

はじめに

高速バスは昭和39年（1964）10月5日に名神ハイウェイバスがスタートし、平成26年（2014）10月に50年・半世紀を迎え、この間に年間1億人輸送機関に成長した。

東京オリンピックの開催、東海道新幹線の開業と同時期に、道路時代の幕開けとなる名神高速道路が完成し、名神ハイウェイバスは大きな期待の中でスタートした。順調な船出であったが、昭和44年に開業した東名ハイウェイバスとともに、昭和50年頃から、新幹線、乗用車の挟撃に遭い、利用は低迷し、新幹線に並行する大都市の駅前を結ぶ高速バスの限界が顕在化した。

しかし、その後、高速道路の延伸により、新幹線のない地域への高速バスの運行が始まり、在来線に対する競争力の高さを示した。また、明石海峡大橋や東京湾アクアラインという土木技術の粋を集めた歴史的な道路をはじめ、各地に鉄道路線を短絡する高速道路が完成し、同時に「バス車両」「運行ダイヤ」「安全」を進化させたことで鉄道に劣らない「便利でお得」なサービスを提供することが可能となった。さらに、「遅い出発、早い到着」が実現できる夜行便を積極的に活用した。

これらが高速バスの「得意分野」となり大きく発展し、今日では全国各地を縦横に走り、北は北海道・稚内から南は沖縄・那覇まで路線があり、本州・四国・九州の間は直通路線で結ばれている。1日あたり1万2666便が運行され、輸送人員は年間1億3000万人（平成23年〈2011〉度）と、1億人を突破し、なくてはならない身近な輸送機関になった。

高速バスは国土交通省では「系統（運行）距離が50キロ以上のもの」と定義しているが、本書では、都市（観光地等を含む）間輸送を目的として設定されている路線を対象とすることとし、運行距離50キロ未満の路線も取り上げることとする（空港アクセス輸送は対象としていない）。

鉄道には「撮り鉄」「乗り鉄」等と称するファンが多く、関連する書物も数多く出版され、鉄道理解者の裾野を広げている。高速バスは1億人輸送機関に成長したのにもかかわらず、関連する書物が少ないのが現状である。

そこで、高速バスについて全体像を紹介することが必要と考え、そして、多くの人の理解を深めるべく、本書は専門的・マニアックにならない、肩の凝らない幅広い情報を網羅した。また、日本の旅客輸送をリードしてきたのは鉄道であることから、鉄道との対比を多く取り入れた。

まず第1章では、快適な旅の実現に大きな比重を占め、安全上からも重要である「高速バス車両の特徴・進化」を具体的に紹介し、第2・3・4章では、そのように進化した高速バスの歩んできた半世紀の軌跡をたどる。高速バス開業時の路線免許をめぐる論争から始まり、ツアーバスとの不平等な競合の是正まで、運行ダイヤの進化と発展への道筋を紹介する。

第5章では、50年の歴史によって築かれた、現在の全国高速バスネットワークを紹介。

第6章は、ちょっと視点を変え、経済合理性を含め、鉄道でなく高速バスを選択する上で、利用者がどのような選択判断になっているのかを探る。

最後の第7章では、近年特に注目されている「安全」が、法規制・ソフト・ハードの三位一体となった対策で、大きく進化していることを紹介してまとめとしたい。

※東日本高速道路、中日本高速道路、西日本高速道路、
本州四国連絡高速道路管理の路線を掲載

全国主要高速道路路線図

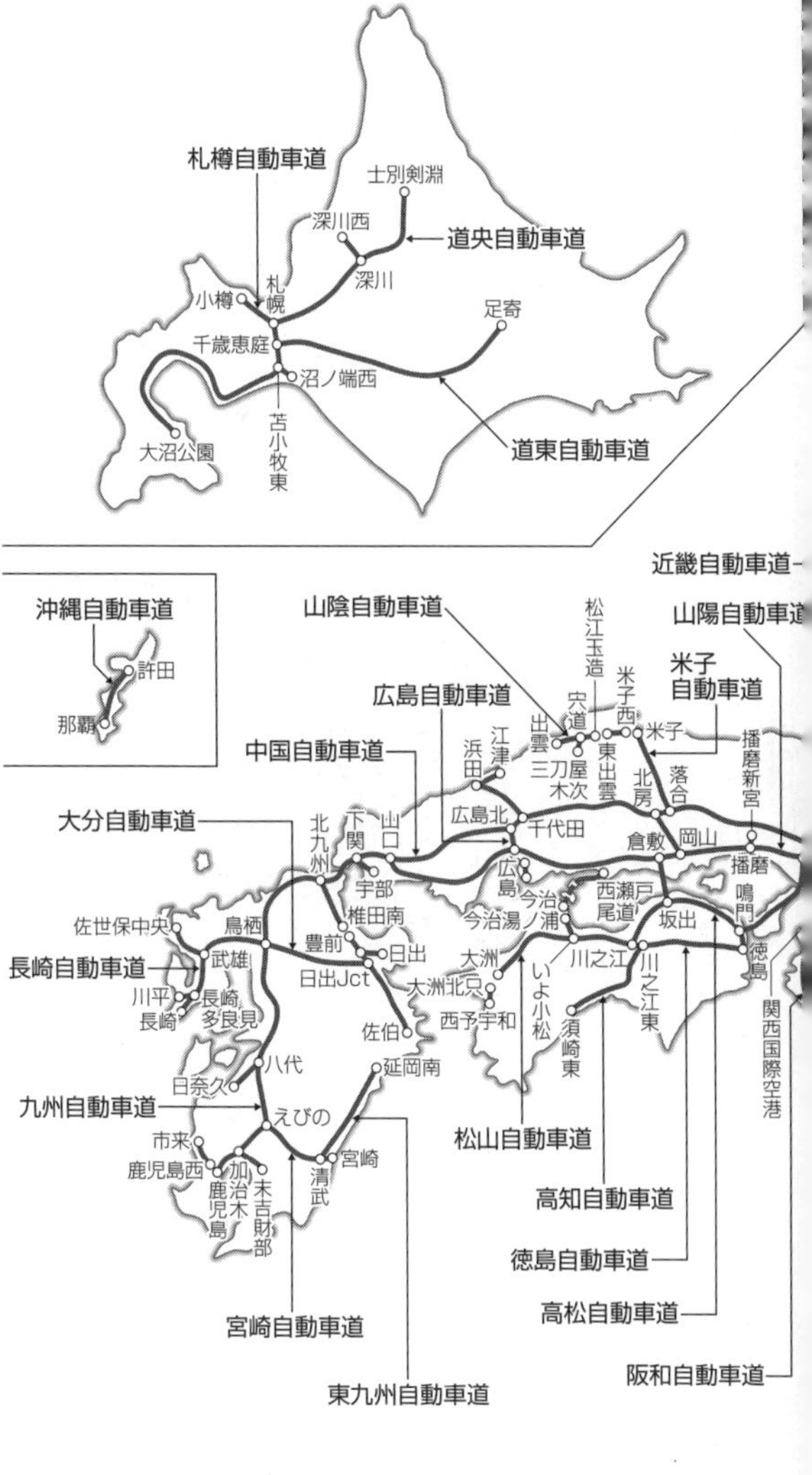

青森
新青森
八戸
秋田新幹線
秋田
盛岡
上越新幹線
山形新幹線
新庄
仙台
山形
新潟
北陸新幹線
福島
東北新幹線
直江津
越後湯沢
長野
上田
宇都宮
前橋
金沢
富山
松本
水戸
甲府
大宮
岐阜
千葉
東京
名古屋
横浜
津
静岡
東海道新幹線

全国新幹線路線図

旭川
小樽
札幌
帯広
釧路
新函館北斗
函館
北海道新幹線
（平成27年度末開業予定）

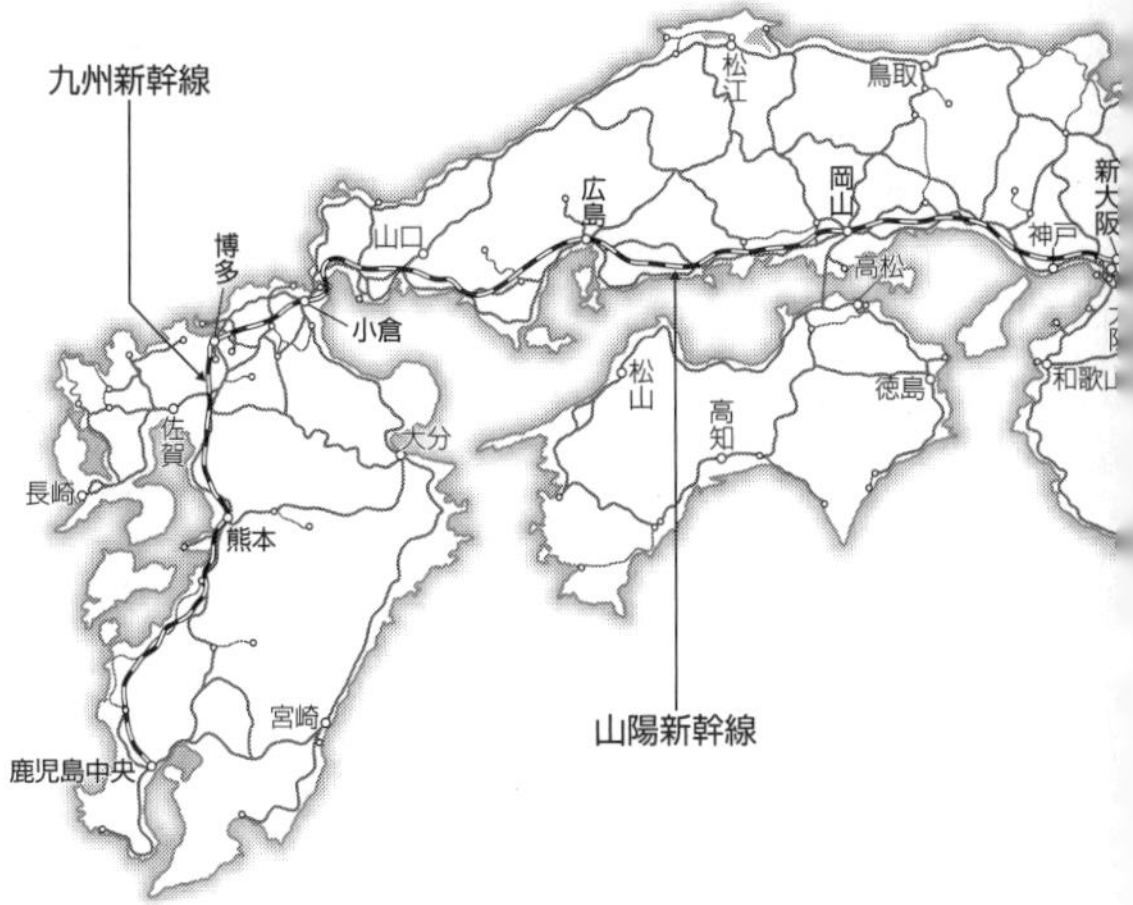
九州新幹線
松江
鳥取
新大阪
岡山
広島
山口
神戸
博多
高松
小倉
松山
徳島
高知
佐賀
大分
長崎
熊本
宮崎
鹿児島中央
山陽新幹線

第1章

高速バスにしかない驚きのスペック

——高速バスならではの最新装備で快適に

高速バス（高速道路を利用した路線バス）は大量輸送（1両の定員は鉄道の1列車より少ないが、タクシーの1両より多い）により低価格を目指している。そのため、バス車両は室内容量の最大化＝「大型化」が大きなテーマとなる。また、輸送の原点は「安全」であり、旅客輸送では「快適」も求められる。高速バス車両はこれらを満足するように設計され、この50年で大きく進化している。まずは、現在の高速バス車両の装備について紹介する。

進化してきた高速バス車両

高速バスの製作は昭和36年（1961）の試作車から始まったが、高速バスの歴史としては、名神高速道路で高速バスが走り始めた昭和39年（1964）から始まる。

①基礎形成期［昭和39年（1964）〜昭和50年（1975）頃］
②発展萌芽期［昭和51年（1976）頃〜昭和61年（1986）頃］
③発展期［昭和62年（1987）頃〜平成13年（2001）頃］
④競争発展期［平成14年（2002）頃〜現在］

本書では、大まかに右のような歴史に分けて紹介しているが、それぞれの時期に、車両の進化が見られる。

まず、基礎形成期に高速走行のための基本的技術（モノコックボディー、エンジン、エアサスペンション、パワーステアリング等）が形成される。最初の名神ハイウェイバス（72頁参照）車両開発を経て、東名ハイウェイバス車両の開発により、高速バスの車両が確立された。

発展萌芽期に入り、快適な旅を追求する構造・機能が登場する。スケルトンボディーの採用による窓の大型化、トランクスペースの拡大や3列独立座席等が開発される。

発展期を迎え、バス車両は増大する需要に対応するため、国産のダブルデッカー（2階建てバス）が登場し、乗車定員の拡大が図られる。

また、排出ガス規制はそれまでの４物質のほか、平成６年からＰＭ（粒子状物質）の規制が加わり、その後、規制値が非常に厳しくなっていった。この厳しい規制値に対応しつつ、出力を維持・向上するエンジンの開発が行われていく。

そして競争発展期では、規制緩和とツアーバスの台頭により、競争が激化し、各社とも他社との差別化を図るため、座席種別の多様化等の車内快適性の向上が行われる。

同時に、安全問題がクローズアップされた。ＩＴ（情報技術）を取り入れた機能が社会の多くで普及していく中、バス車両でもＩＴを取り入れた安全装置が多種開発された。

高速バス車両の基本構成とは

それでは、高速バス車両の特徴はどうなっているのだろうか。まず、バス車両の基本構成から紹介したい。自動車は「走る」「曲がる」「止まる」の3要素により成るが、バスは「客室」も重要な要素である。高速バスはこの4要素を、「安全」「快適」に配慮しつつ、効果的に組み合わせた構成となっている。また、大型であることから、乗用車と異なった技術が数多く導入されている。

バス車両については「道路運送車両法」に基づく省令「運送車両の保安基準（以下、車両保安基準）」に次の定めがある。

「長さ12メートル、幅2・5メートル、高さ3・8メートル、車両総重量25トン、軸重10トンを超えてはならない」

この制約の中で室内最大化のために、高速バスでは多くの場合、次の構成（配置）としている。

■客室床面

タイヤハウス（タイヤのカバー部分）の室内への出っ張りのない高さ（快適性の確保）としている。室内高さを1・9メートル程度確保し、車両の全高が3・5メートル程度となるものを「ハイデッカー」（名神ハイウェイバスはこれに該当）という。乗車時の眺望を良くし、床下スペ

平成26年10月に東京〜京阪神間の夜行便に登場した最新車両「グランドリーム号」（西日本ジェイアールバス）

高速バス外観図（スーパーハイデッカー）　単位（mm）

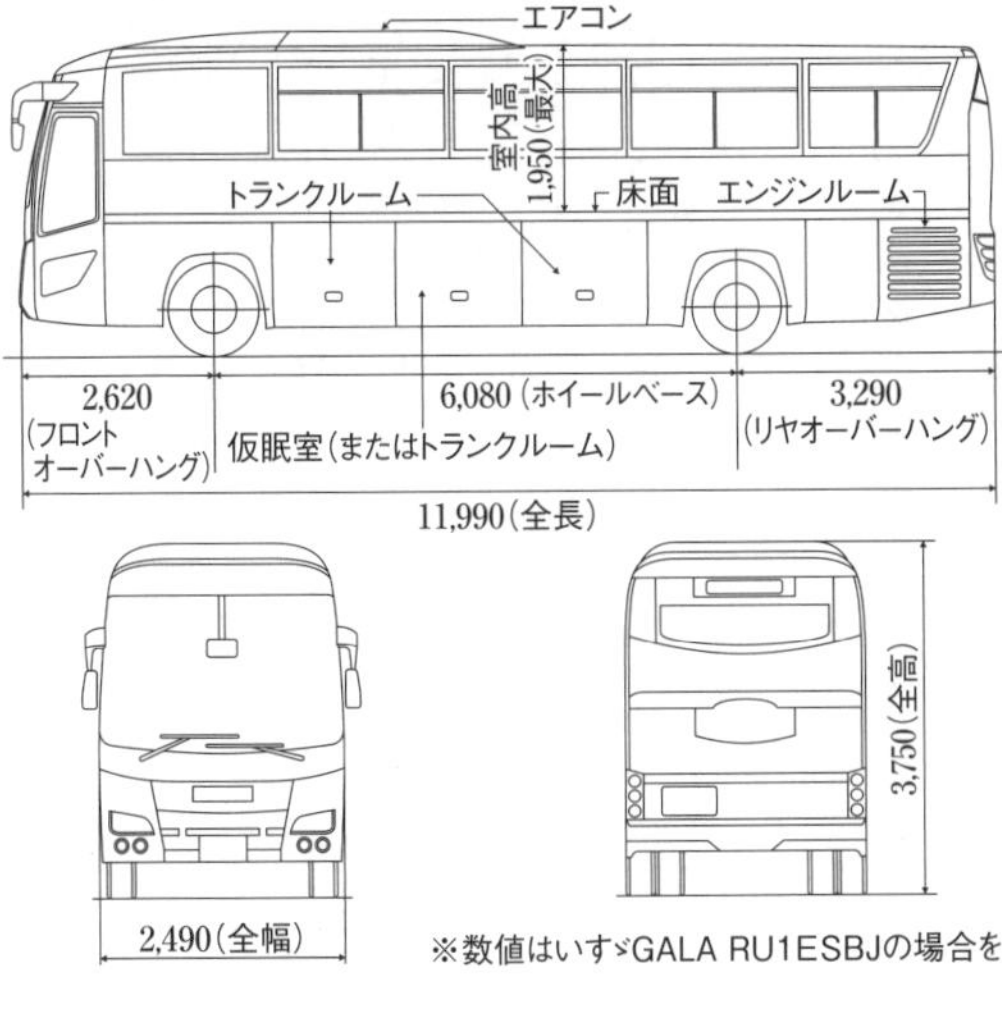

※数値はいすゞGALA RU1ESBJの場合を示す

ース（トランクルーム等に利用）を大きくするために、床面をさらに上げ、高さを3・8メートルの限度いっぱいとしたものを「スーパーハイデッカー」という。

■リアエンジン

最後部座席下に搭載し、後輪駆動としている。

■エアコン機器

天井（屋根上）に設置。以前は冷房用の専用エンジンを床下に搭載したが、トランクルームスペース確保等から、コンプレッサー等は主エンジン直結式とし、それ以外は天井へ移動した。

■トランクルーム

ホイールベース（前輪と後輪の間）の床下に設置。スーパーハイデッカーでは約10立方メートル（昭和40年〈1965〉製の名神ハイウェイバスでは約1立方メートル）。

快適性を追求する座席とレイアウト

高速バス車両は全長12メートル、幅2・5メートル以下の制限から、運転手スペース等を差し引くと、客室は最大でも9・85メートル×2・3メートル程度となる（いすゞ自動車〈以下、いすゞ〉GALA）。また、客室の通路幅は300ミリ以上とならなければならない（車両保安基準）。

表１　シート幅・シートピッチ

	座席種別	シート幅 mm（座面幅）	シートピッチ mm	使用例
バス	４列座席	440	885	東名ハイウェイバス
	３列座席	465	960	グランドリーム号
	２列座席	600	1,300	プレミアムエコドリーム号
在来線 683系	普通車	470	970	サンダーバード
	グリーン車	500	1,160	
新幹線 N700系	普通車	440	1,040	東海道・山陽新幹線
	グリーン車	475	1,160	

注　新幹線の３人掛け座席の中央はシート幅460mm

この限られた面積の中で、経営上は座席を少しでも多くし、しかも、快適性を損なわないように、種々の工夫がなされている。名神ハイウェイバスの昭和40年（１９６５）製造車は全長が12メートルで、横４列座席を前後11列配置。左側の後部２列部分にトイレを設置し、定員は40名とした。

このレイアウトを基本とし、トイレのない定員44名、最後部は通路を必要としないことから、５列座席にした定員45名が現在でも多く用いられている。これに補助席を付ければ定員は55名となる。

これらの場合、座席座面幅（シート幅）は４４０ミリ、座席の間隔（シートピッチ）は８８５ミリ程度となる。

短距離路線ではシートピッチを８１０ミリ程度に短縮して12列の定員48名または49名が、長距離路線では10列（シートピッチ９６０ミリ程度）のトイレ付き定員36名の座席レイアウトも使用されている。

4列シート（2＋2）は主に昼行便に使用。リクライニング可能なのでリラックスできる

3列シート（独立シート）は隣が気にならないように座席の間隔が十分離れている

長距離で長時間乗車となる路線では3列座席が多く使用されている。シート幅を465ミリ、シートピッチは960ミリ程度に広げて1人あたりの占有スペースを大きくするとともに、見知らぬ人と長時間隣り合わせになることの煩わしさを軽減するため各座席間にスペースを設け、独立させており、座席レイアウトは横3列・前後10列となる。また、トイレの隣の座席が嫌われること、後部のトイレでは4座席分が必要なことから、トイレは中央部の床下に設置するケースが多い。トイレへの階段スペースがあるため定員は28名、最後部は通路を設けず4列とすると29名となる。

さらに、シート幅を600ミリ程度、シー

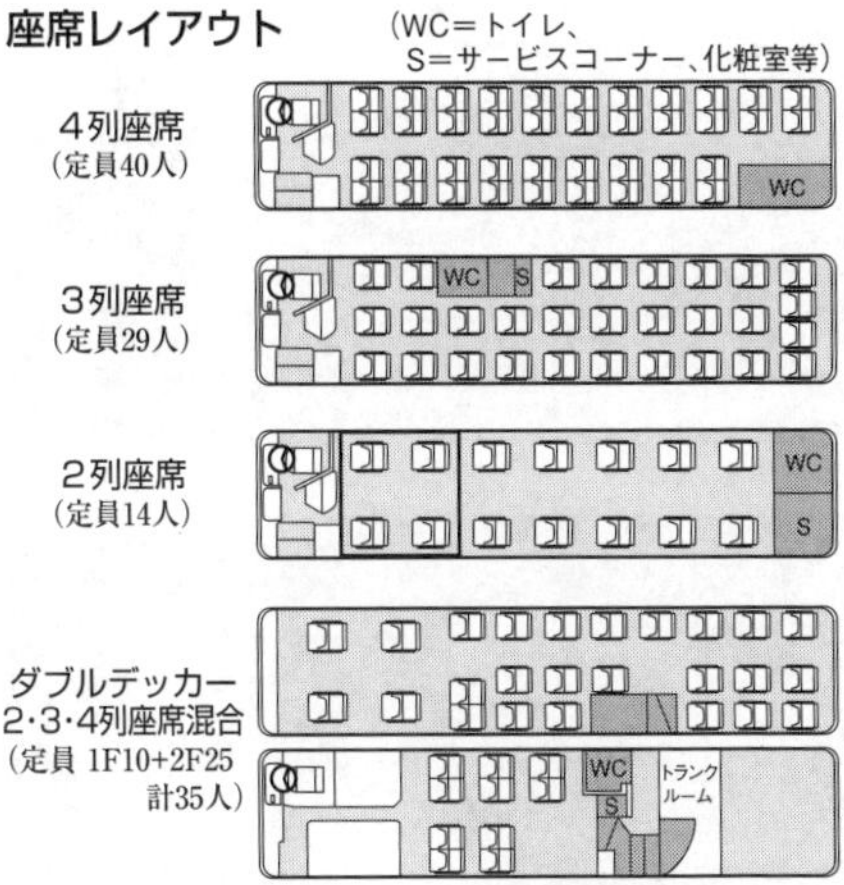

トピッチを1300〜1400ミリ程度に広げた2列座席は、7列で定員は14名となる。

以上はハイデッカー、スーパーハイデッカーの場合であるが、ダブルデッカー（2階建て車）の定員は、4列座席で1階8〜12名・2階42〜48名の計50〜60名、3列座席で1階6〜9名・2階24〜31名の計30〜40名程度である。

2列座席を数席設置し、他を3列座席としたものや、2〜4列座席の3種類を組み合わせたものもあり、1階にはバリアフリー法に基づく身障者スペースが設けられている。

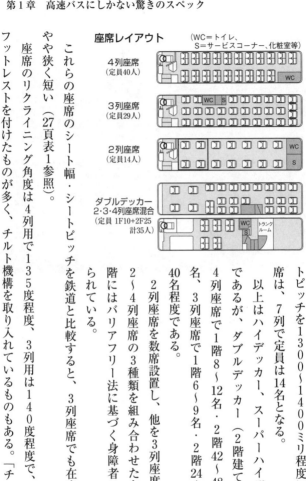

これらの座席のシート幅・シートピッチを鉄道と比較すると、3列座席でも在来線普通車よりやや狭く短い（27頁表1参照）。

座席のリクライニング角度は4列用で135度程度、3列用は140度程度で、レッグレスト、フットレストを付けたものが多く、チルト機構を取り入れているものもある。「チルト機構」とは

フットレスト

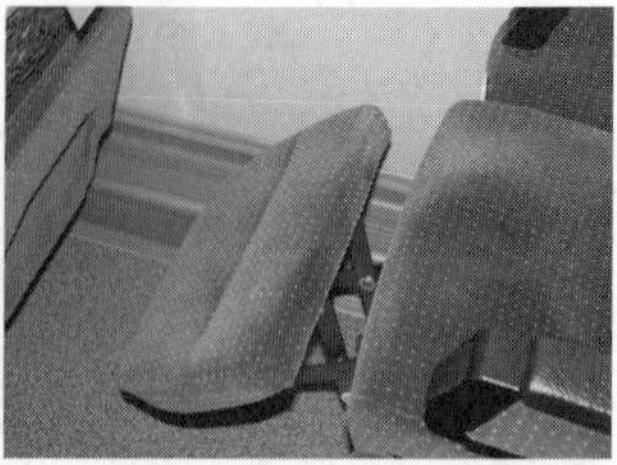

レッグレスト

ひざ掛け

コンセント

路線によって設備・サービスは異なるが、車内で快適に過ごせるような工夫も。足のむくみを防止するレッグレストやフットレスト、寒い時や睡眠時に便利なひざ掛け、携帯電話等の充電に便利なコンセントを装備している車両もある

リクライニング時に座面前部が上昇（チルト）し腰部の前方へのズレを防ぐ機構で、より快適な座り心地となる。

主に夜行便に使用されている２列座席は、シート幅６００ミリ、リクライニング角度１５０度と寝返りが可能な座席であり、レッグレスト、フットレストを備え、かつ低反発素材を使用し寝心地改善を図ったものや革製の豪華なものもある。

また、座席へのテレビ（フルセグ）やビデオアイウェアの設置、Wi-Fi設備等、現在の技術進歩を取り入れたバスもあり、携帯・スマホ用ＡＣコンセントを備えたバスも多い。

関東～四国間を結ぶ「ドリーム高松号」（ジェイアール四国バス）は2階建て車両で、1階にはプレミアムシート（2列座席）が3席配置される

関東～四国間「ドリーム高松号」（ジェイアール四国バス）のプレミアムシートは豪華な革製リクライニングシートで、ビデオアイウェア・ACコンセントを装備

夜行便ではプライバシー確保のため、座席ごとにカーテンで仕切り、読書灯の設置等も行われている。

大型化する窓と、機能的な乗降口

バス車内という狭い空間の閉塞感を和らげるために、また眺望（高速道は鉄道に比して眺望が良く、高速バスのセールスポイントでもある）確保のためにも、窓・フロントガラスの大型化が行われてきた。

名神や東名ハイウェイバス開業時は、モノコック構造（35頁参照）を採用したことから、外板面積を広くとる必要があるため、窓を大きくすることができず（高さ75センチ前後）、また、柱も客席部で5本あり視界を遮っていた。
現在の高速バスは窓の高さは1メートル程度あり、客席部の柱は4本のものが多く、大きく進化している。

高速バスは車内の保温・保冷や遮音のほか、高速走行時に窓から手を出すこと等の防止のため、固定窓にすることが多いが、補助席を設けた場合は開閉（引違い窓）式とすることが「車両保安基準」に規定されている。補助席を使用していると、通路がふさがれ、非常時に乗降口や非常口から脱出することが困難な場合が想定されるので、その際、窓からの脱出を容易にするためである。

フロントガラスについては運転席ダッシュボード上から天井までを1枚ガラスにする等、客席からの前方視界を改善している。

高速バスの乗降口は前方1カ所の場合が多く（2階建て車を除く）、その扉には「折扉」と「スイング扉」がある。

「折扉」は一般路線バスで広く使われ、開いた時、ドアを2枚に折り、ステップ（出入口の階段部分）に収納する。安価ではあるが、ステップに切り欠きができ、乗り降りの際の難点となることと、走行中の気密性・遮音性が劣ることが短所である。

「スイング扉」は、扉に取り付けられた軸が回転することで、扉が外側後方にスライドする機構

「固定窓」が高速バスでは一般的

「開閉（引違い）窓」は補助席がある場合に使用される

スイング扉は気密性・遮音性に優れる

である。気密性・遮音性に優れ、ステップに切り欠きもない長所を持つが、高価である。また、折扉より開閉に時間を要し、開くと扉が約380ミリ外側に出る（いすゞGALAの場合、以下同じ）ので、開く際はバス停等に接触しないよう注意が必要である。

高速バスは走行中に上下振動しても道路上の突起物等を避けられるよう、道路面と車体下部の間に空間を設けており、停車状態で乗降口の最下部ステップは道路面から約400ミリの高さがある。一般的な階段の1段は200ミリ程度であり、スムーズに乗り降りできない人もいる。

このため、車高調整装置（クラウチング）を設けている。空気ばねの空気を抜き、空気ばねを最も縮んだ状態にすることで、車体を約100ミリ下げ、この結果、最下部ステップの高さは3

00ミリ程度となる。

豪華な化粧室や乗務員仮眠室もある

高速バスへのトイレの設置は、名神ハイウェイバスの昭和40年（1965）製造車（試作車としては昭和39年）が最初である。この時の汚物処理は汚物タンクの中にあらかじめ薬液を混入した洗浄水を入れ、これを循環濾過して便器を洗浄していた（濾過方式）。この方式は汚水を再利用するため汚物が大量になると臭気の発生を抑制できないため、この弱点を克服するものとして真空方式が開発された。これは汚物タンク内を真空状態にして汚物を吸い取り、その後、清水で洗浄するもので臭気が発生しにくい。

化粧室を設置するため、最後部の車両幅約2・3メートル全幅をトイレ・化粧室としている高速バスも登場している。

また、国土交通省が定める「高速乗合バスの交替運転者の配置基準」では、運転手1人で連続して運転できる距離は、昼行では500キロ、夜行では400キロまでとしている。それを超える路線（例えば東京～大阪間）では交替運転手を配置しなければならない。交替運転手は路線の途中（例えばサービスエリア、以下、SA）に待機させる方法もあるが、始発地から2人が乗り

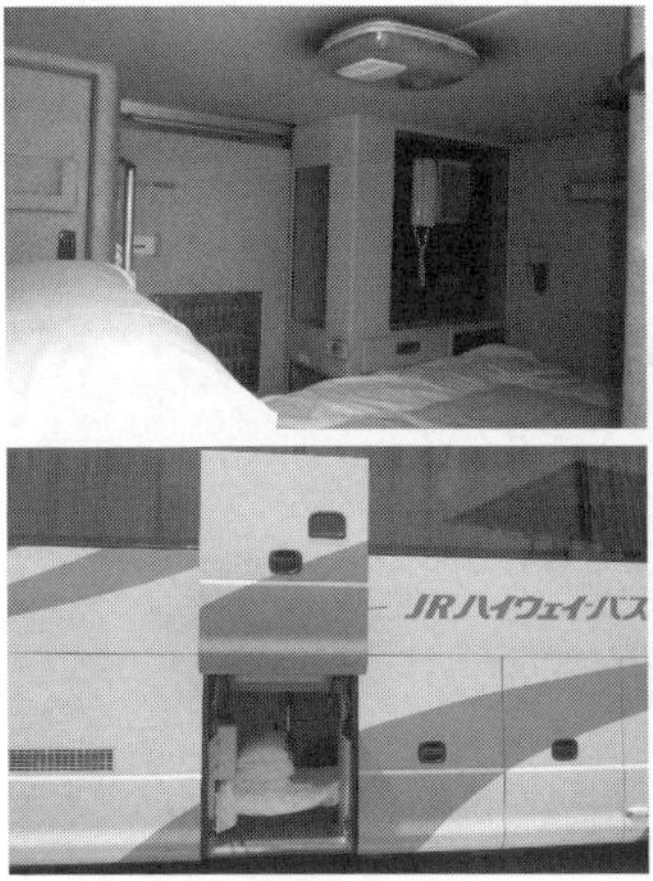

乗務員仮眠室は客席の床下、トランクルームの脇に設置されることが多い。上は仮眠室内

ジェイアール東海バスには、このような豪華化粧室が設置されている車両もある

込み、途中で交替する方法が多い。交替を必要とする路線は夜行便が多いので、非運転となった運転手のために、仮眠室を設置している。

仮眠室はホイールベース間の床下に設け、出入りは車外とともに、室内からも行えるようになっている。また、運転席との連絡用のインターホンを備えるとともに、休息効果が高められるよう、エアコン等の居住環境にも配慮されている。

車体構造はモノコックかスケルトンか

大型であるバスの軽量化・快適性に関連する、車体（ボディー）構造にも技術の進歩がある。昭和39年（1964）の名神ハイウェイバス開業時にはモノコック（応力外皮）構造が採用さ

丸みを帯びた車体で窓が小さい、モノコック構造の特徴がよく出ている日野自動車工業RX10試作車（昭和36年）

れた。モノ（mono）はギリシャ語の「1」であり、コック（coque）はフランス語で「(卵、木の実の）殻」である。車体等の構造物において、骨組みを最小限にし、外板に丸み等の加工を施し、1つの卵形や貝殻のようにすることで強度を持たせる設計方法で、軽量化が図られ、現在の乗用車にも多く採用されている。

モノコック構造の車体は丸みを帯びることが特徴で、窓や出入口は大きくできず（上の写真参照）、また、骨組みと外板の結合を強固に行う必要があることから、リベット（鋲）が多く見栄えが悪いのが欠点であった（当時の溶接技術では、リベットに代え、溶接を用いることは難しかった）。

窓の大型化等による快適性（眺望、室内の閉鎖性の減少）向上のため、日野自動車工業（現日野自動車、以下、日野）が昭和52年に製造した「日野RS系」を皮切りに、スケルトン（骨組み）構造が開発された（注）。この構造は鋼材により形成された骨格に十分な強度を持たせ、外板は強度を分担せず、覆いの役割のみとするものである。骨格に強度を持たせる必要からモノコック構造に比べて重量が増すこととなる。

現在の高速バス車両もスケルトン構造であり、車両総重量はいすゞＧＡＬＡ「ＲＵ１ＥＳＢＪ」スーパーハイデッカー（全長12メートル）では15・5トン（エンジン出力４５０ＰＳ〈馬力〉）である。名神ハイウェイバス開業時（日野「ＲＡ１２０Ｐ」ハイデッカー〈全長11・5メートル〉は13・5トン〈エンジン出力３２０ＰＳ〉）に比べると重くなっている。これは車体構造・全長の違いのほか、サービス関連設備の充実の要素もあるためで、エンジン出力をアップし走行性能を保持している。

注　主に戦前（昭和20年以前）に製造された、シャシーと呼ばれる車両前部から後部までが一体となった堅牢な部材に、ボディーの骨組みを載せた構造（トラックに客室を載せたようなイメージ）も、スケルトン（骨組み）構造と呼ばれていた。

エンジンだってこんなに高性能

「走る」ための動力を供給するのがエンジンである。エンジンにはガソリンエンジン、ディーゼルエンジンがある。

ガソリンエンジンは「シリンダー（気筒）」と呼ばれる容器内に空気とガソリンの混合気を吸い込み、ピストンにより11～14分の1程度に圧縮し、電気プラグで点火して燃焼させ、動力を得る。コンパクト（エンジン出力に比して軽量）で高回転数を得ることができるのが特徴であり、乗用車に用いられている。

一方、ディーゼルエンジンは、気体を圧縮すると熱を発するという現象を利用している。シリンダー内で空気を15～17分の1程度まで高圧縮すると、高温（600度程度）が発生する。そこに燃料の軽油を噴射して燃焼させ、動力を得る。高圧縮を行うことから、エンジンを堅牢にする必要があり重量が増すが、高出力とともに低速（低い回転数）で大きな回転力（トルク）を得ることができるので、主にバスやトラックなどの大型車に使われている。バスに必要な高出力を得るには、複数のシリンダーを持つ必要がある（現在は6個程度）。

高速バス（いすゞGALAの場合）の車両総重量は15トン前後であるが、エンジン出力は360PS（265キロワット）～450PS（331キロワット）である。乗用車は車両総重量1～2トンに対しエンジン出力は100～200PSであ

表2　エンジンの出力特性

	トルク×回転数（＝エンジン出力）
ガソリン	小　×　大
ディーゼル	大　×　小

表3　主なエンジン形式と性能の進化

製造年		昭和39年（1964）	昭和39年（1964）	昭和44年（1969）	平成21年（2009）	平成26年（2014）
車両形式		日野 RA120P ハイデッカー	三菱 MAR820 改 ハイデッカー	日野 R A900P ハイデッカー	三菱 BKG- MU66JS ダブル デッカー	いすゞ RU1ESBJ スーパー ハイデッカー
使用便名		名神 ハイウェイバス	名神 ハイウェイバス	東名 ハイウェイバス	青春 エコドリーム	（メーカー カタログ）
エンジン形式		DS120 水平対向 12気筒	8DB2 V型 8気筒	DS140 水平対向 12気筒	6M70 直列 6気筒	E13C 直列 6気筒
排気量 cc		15,965	11,404	17,449	12,880	12,913
最高出力 PS/rpm		320/2,400	290/2,300	340/2,400	420/2,000	450/1,700
最大トルク kg-m/rpm		103/1,600	98/1,600	110/1,600	185/1,100	200/1,100
排出ガス規制値 g/kwh	NOx	なし	なし	なし	2	0.7
	PM	なし	なし	なし	0.027	0.01
燃料消費量 km/L		3.46 注1	3.15 注1			4.50 注2

注1　20万キロ走行テスト（昭和42年9月～43年5月）の実測値（車両形式は異なる）
注2　国土交通省審査値

り、バスは車両総重量に比して出力の小さいエンジンを搭載している。

　これを可能にしているのが、発進時等に大きなトルクが得られるというディーゼルエンジンの出力特性である。

　環境問題からエンジン排出ガスの規制は「車両保安基準」により古くから行われており、バスは車両総重量3・5トン以上のディーゼル車の区分で規制されている。新車に対しては昭和49年（1974）にCO（一酸化炭素）、HC（炭化水素、平成17年〈2005〉からはNMHC〈非メタン炭化水素〉）、NOx（窒素酸化物）、黒煙の4種に規制値が設けられ、平成6年（1994）にはPM（粒子状物質）が加えられた。

光化学スモッグの原因物質とされるＮＯｘと発ガン性が指摘されているＰＭについては、近年、特に規制が強化。ＮＯｘの規制値は平成6年に6・0グラム／キロワット時であったが、平成21年には0・7グラム／キロワット時と約9分の1に、ＰＭは平成6年に0・7グラム／キロワット時だったのが、平成21年には0・01グラム／キロワット時と実に70分の1に強化されている。

この厳しい規制値を達成するとともに、もう1つの環境問題であるＣＯ₂の削減（燃費向上）を図るため、現在、いすゞＧＡＬＡ用エンジンを例にとれば、エンジンは新型燃焼室・電子制御無段階可変ノズル等を採用するとともに、尿素水によるＮＯｘの水と窒素への分解装置、酸化触媒とセラミックフィルターによるＰＭ除去装置を装着する等、新技術を開発しクリーンな排出で、かつ高出力・高トルクを実現している。

この厳しい規制値に対しては、大気中の濃度の方が規制値より高いこともあるとして、「エンジンは浄化装置である」と揶揄する声が出るほどであった。

特殊な変速機とステアリング

バスは車両総重量に比して小さなエンジン出力のため、減速比を大きく（例えば6分の1）して大きな回転力を得ている。この結果、変速機（トランスミッション）も段数が多くなり6～7

トランスミッションチェンジレバー（7速）

速程度となっている。

現在の高速バスの多くは燃費向上・価格を優先し、マニュアルトランスミッション〈手動変速機〉が採用されている（ドイツ・ネオプラン社製の「青春メガドリーム号」車両〈117頁参照〉はオートマチックトランスミッション〈自動変速機〉だった）。

また、自動車の必須機能で、鉄道にはない「曲がる」を司るのがステアリングで、ハンドルを回して前輪タイヤの向きを変えるものである。ステアリングには「ラック&ピニオン式」と「ボール・ナット式」がある。「ラック&ピニオン式」はハンドルの軸に付けられているピニオン（小歯車）が回転することでラック（平板に歯を付けたもの）に直線運動を与え、タイヤの向きを変えるもので、機構が簡単で乗用車に広く用いられている。「ボール・ナット式」はハンドルの軸に付けられた螺旋《らせん》状の溝を利用した機構によりタイヤの向きを変えるもので、大きい力が得られるので大・中型のバスやトラックに用いられている。

バスのように車体が重くなるとハンドルも重くなり、運転手の負担が増すだけでなく、とっさの操作が困難になり安全上も好ましくない。これを解決するために開発されたのが、ハンドル操作を楽にするパワーステアリングで、エンジンでポンプを回して発生させた油圧で、ハンドル操作を補助するものが多い。

さらに、高速バスには速度感応型のパワーステアリングもある。これはバスのスピードが上がるとハンドルを重くする機能である。低速でのハンドル操作が軽くなるようにパワーステアリングの効果を大きくすると、高速では軽すぎて走行が不安定になる。このため、高速になるにつれてパワーステアリング効果を減じ、最適な操舵（操作）が行えるようにしたものである。

主ブレーキのほかに補助ブレーキがある

バスの速度を制御し「止まる」ための装置であるブレーキは、通常の走行においても、安全上（危険回避のための急停車等）からも非常に重要な装置である。高速バスは15トン前後もある重量物体であり、これを時速１００キロの高速運転から減速・停止させるために、乗用車とは異なる機構を採用している。

ブレーキ距離については「車両保安基準」の「トラック及びバスの制動装置の技術基準」により、時速１００キロからの停止では１１２メートル以内としなければならない。重量のあるバスをこのブレーキ距離内に止めるため、次のような設計となっている。

ブレーキペダルを踏むことで作動するブレーキ（フットブレーキ、これを主または常用ブレーキという）にはディスクブレーキとドラムブレーキがある。

ディスクブレーキは車軸に取り付けられ、回転している円板（ディスク）にブレーキパッドと呼ばれる部品を両側から押し付け、その摩擦力で車軸の回転を止める装置である。このブレーキは構造が簡単で放熱性に優れ、高速の制動に威力を発揮することから、乗用車に広く用いられている。

一方、ドラムブレーキは車軸に取り付けられた円筒（ドラム）に、内側から円弧状のブレーキシューを押し付け制動するものである。このブレーキにはセルフサーボ（自己増力）作用がある。回転するドラムに押し付けられたブレーキシューは、回転しようとするが、支点に固定されているため回転できず、より強くドラムに押し付けられるようになるという現象である。この結果、高いブレーキ力を得ることができることから、バスやトラック等の大型車に用いられている。

ブレーキにはアンチロックブレーキ（アンチスキッドブレーキ）を備えている。急ブレーキや凍結道路等でのブレーキ時には車輪ロックが発生してブレーキ効果が減少する。その際、一時的にブレーキを緩め、車輪を回転させ、ブレーキ効果を回復する装置である。

バスは大型車で高いブレーキ力を必要とするために、主ブレーキを多用すると摩擦熱等でブレーキ効果が減衰することがあるので、主ブレーキを補うものとして補助ブレーキがあり、主ブレーキと併用し必要なブレーキ力を得ている。

■エンジンリターダー

エンジンブレーキはエンジンの圧縮（ピストンの上昇）行程を利用（圧縮には力が必要、車輪の回転力をピストンの圧縮で消費することで車輪の回転を弱める）するものである。この作用では圧縮後にピストンが押し戻される。エンジンリターダーは最大圧縮前後で排気バルブを開けて、圧縮された空気を放出して押し戻す力を減じ、その後、バルブを閉じて、ピストン下降を妨げ、ブレーキ力を得るものであり、強化エンジンブレーキとも呼ばれ、レバーの操作で作動する。近年、高速バスに用いられている。

■エキゾースト（排気）ブレーキ

エンジンの排気をバルブで止めて、排気圧力を増すことで、エンジンブレーキ効果を高めるもので、レバーの操作で作動する。名神ハイウェイバスの開業時から用いられている。

■永久磁石式リターダー

強力な磁力で回転を弱めるもので、制動（ブレーキ）・非制動（ブレーキを必要としない）の切り替えはコントロールスイッチでN・S極の配置（磁気回路の構成）を変えることで行う。近年、高速バスに用いられている。

また、バスは大型であるため駐車ブレーキにも大きな力が必要である。「車両保安基準」には「18％の勾配路（１００メートルで18メートルの高低差）で停車できること」の規制があり、ハンドブレーキでは十分とはいえず、マキシブレーキ（ホイールパークブレーキ）を採用している。

これは、駐車時にはコイルばねの力によりブレーキシューを押し付け、ブレーキをかけた状態にする。走行時は圧縮空気をコイルばねの力に打ち勝つまで注入し、ブレーキを解除する機構である。圧縮空気が排出されるとブレーキがかかるので、連続して長時間駐車していても、ブレーキが緩むことはない。

このマキシブレーキを採用することでフェールセーフ（故障時に安全側に作動、２５９頁参照）が構成される。圧縮空気がなくなるという「故障時」には、圧縮空気を使用している主ブレーキは利かなくなるが、マキシブレーキが作動し「安全側」である「停車」となる（東名ハイウェイバス開業時に安全装置として開発された）。

なお、主ブレーキについては「フォールトトレランス」（２５９頁参照）の考え方が取り入れられており、故障時でも最小限のブレーキ力を確保できるよう、「独立に作用する2系統以上の制動装置」が義務付けられ（車両保安基準）、ブレーキ機構を前輪と後輪に分離した構造等が採用されている。

鉄道（在来線）のブレーキ距離は速度に関係なく600メートル以内である。バスは時速100キロからの停止で112メートル以内であり、列車に比べてバスの減速度は高い。ただ、フルブレーキはとっさの危険回避には有効であるが、乗客のけが（車内事故）に繋がる恐れがあり、強いブレーキを前提とした運転操縦は行えない。

機器操作伝達機構もこんなに違う

自動車はアクセルペダル、ブレーキペダル等を操作すると、その操作は連結されたワイヤ（線材）、ロッド（棒材）等により各機器に伝達され作動するが、バスは大型で操作部から機器までが長いため、次のような伝達機構が用いられることが多い。アクセル（エンジンの作動）では、ペダルからエンジンまでは10メートル以上あり、また、厳しい排気ガス規制に対応した、きめ細かい制御が必要である。このため電気信号による指令が用いられるようになった。アクセルペダルの踏み込み量をデジタル変換してエンジン受信部に伝送し、エンジン回転数を制御する。

変速の指令も電気信号に変換し、トランスミッションに伝達される。

一方、ブレーキはペダルを踏むと、直結しているブレーキバルブの弁が開き、作動動力のエアが送り込まれ作動し、クラッチはペダルを踏むと、直結した装置で作動動力のオイル（油圧）がクラッチに送られ、クラッチ板を切る。

機器の作動の動力としては電気も用いられている（エアコンの送風ファン等）が、ブレーキ、乗降口扉等の機器の作動には取り扱いが簡単で、容易に大きい力が得られる圧縮空気が用いられている。圧縮空気を利用することで、駐車の際に用いるマキシブレーキのフェールセーフ設計も可能にしている。また、油圧がパワーステアリングの作動動力等に用いられている。

ところで、鉄道（電車）の場合は、多くの両数が連結されることからブレーキ、動力モーターの作動等に幅広く電気指令が用いられ、車両内には配線があり、車両間はジャンパーと呼ばれるもので結ばれている。作動の動力としては、圧縮空気がブレーキ、出入口扉の開閉、パンタグラフの上げ・下げ等に幅広く用いられている。

高速バスならではの車軸とサスペンション

車体の重さを支えているのが車軸で、車軸で支える重さである「軸重」の制限は10トンである。リアエンジン車はエンジンが重いため後輪の軸重が大きくなるが、現在の高速バスの多くは車両総重量は15トン前後で、後輪が10トンを上回ることはなく、前輪・後輪の2軸である。

「青春エコドリーム号」は後輪2軸となっている

「青春エコドリーム号」のダブルデッカー（2階建て、三菱BKG‐MU66JS、車両総重量約20トン）は、後輪2軸としている。「青春メガドリーム号」のダブルデッカー（ドイツ・ネオプラン社製、車両総重量約25トン）は前輪・後輪とも2軸であった（117頁写真参照）。

また、国鉄バスは昭和62年（1987）にJRに移行するが、最後に導入した「ドリーム号」用のスーパーハイデッカー（三菱P‐MU525TA、車両総重量約18トン）は後輪2軸であった。

また、道路の凸凹等により発生する上下動を減衰させ（和らげ）て乗り心地をよくするため、車軸と車体との間にサスペンション（懸架装置）を介在させている。

サスペンションには「コイルばね」「リーフ（板）

ばね」「空気ばね」が用いられている。

「コイルばね」は鋼線を螺旋状にしたもので、構造が簡単でコンパクトであることから乗用車に広く用いられている。

「リーフばね」は長さの異なる細長い鋼板を何枚も重ねたもので、大きな荷重（重さ）を支えることができるので、トラックに用いられている（以前はバスにも用いられていた）。

「空気ばね」はベローズと呼ばれるゴム製の蛇腹またはビヤ樽形の容器に圧縮空気を封入したもので、大きな荷重を支えることができ、乗り心地（クッション性）もよく、高速バスに広く用いられている。

　エアサスペンション（空気ばね懸架装置）を用いることで、車高調整装置（クラウチング）や電子制御サスペンションが可能となった。電子制御サスペンションは車両の各所に取り付けられたセンサーが、車速、上下・左右の揺れを検知し、さらに、ステアリングに設置したセンサーがステアリングの回転角速度（急ハンドルの程度）を感知する。走行中に発生するこれらのデータを基にコンピューターが走行状況を分析し、空気ばねの特性（強さ）やショックアブソーバー（緩衝器＝ばねは、いったん伸びまたは縮むと、伸縮を続けるので、この伸縮を止める装置）の減衰力（伸縮を止める力）を自動的に最適値に制御する。これにより、あらゆる走行条件において、乗り心地を損なうことなく優れた走行安定性を確保するものである。

バスターミナルも進化している

バスターミナルは乗り降りの安全、遅れのない安定した運行、そして快適な旅の出発点としても極めて重要である。高速バスの増加に伴い、「乗り場・降り場」のほか、乗車券売り場、待合室、案内表示等を設置した、新幹線駅や空港に負けない設備のバスターミナル（バスセンター、交通センター等の名称もある）が大都市を中心に高速バス専用または一般路線バスとの併用で整備され、高速バスの発展を支えてきた。

バス会社が自社でバスターミナルを設置しているケースもあるが、共同での設置もある。また、市街地の再開発拠点としてバスターミナルを整備することもある。これらではバス会社とは異なる事業者がターミナルを設置し、バスの発着、乗車券の販売等のターミナル事業を運営しているケースがある。航空業界でも、関西空港では民間会社が空港を設置し、運営を行っているが、これと類似したものである。

ターミナルでの「安全」等、適正な事業運営を確保するため、「自動車ターミナル法」が定められ、規制が行われている。バスターミナルは、バス会社が自社用に設置した「専用バスターミナル」と、それ以外の「一般バスターミナル」とに分類している。

ターミナルの構造にもいろいろある

「一般バスターミナル」でターミナル事業（発着料等の収受等）を行う場合は、ターミナルの構造及び施設、事業計画を提出し、国土交通大臣の許可を必要としている。

平成27年（2015）4月1日現在、24カ所の一般バスターミナルがある。高速バスが多く発着している、札幌駅、浜松町（東京）、名鉄（名古屋）、湊町（大阪）、広島、博多（福岡）、熊本等がこれに含まれており、重要な役割を果たしている。

このほかのターミナルは「専用バスターミナル」であり、その構造及び施設について、国土交通大臣の確認を受けなければならない。

駅前等のバスターミナルではバース（乗り場・降り場）を直線または曲線的に配置している。各バースとも駅に面して、上下への移動もなく便利である。バースの総延長を短くするためバスを斜め（のこぎり形）に駐車するタイプもある（広い幅を必要とする）。乗車券売り場や待合室はバースに隣接して設けられる。

街の再開発・高度利用でビルの中に設けられたターミナルでは、バースを方形に配置したもの

大阪駅ＪＲ高速バスターミナル（バース直線配置）

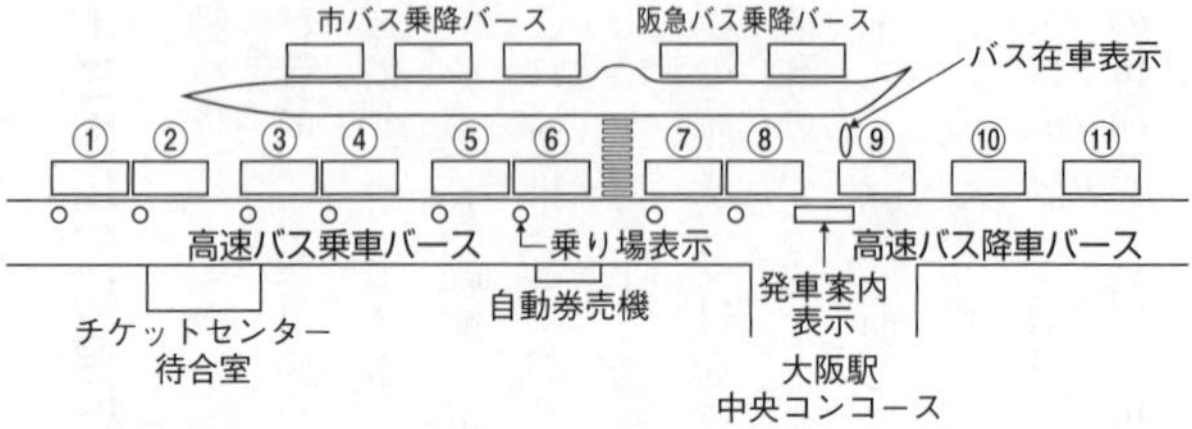

東京駅ＪＲ高速バスターミナル（バース斜め配置）

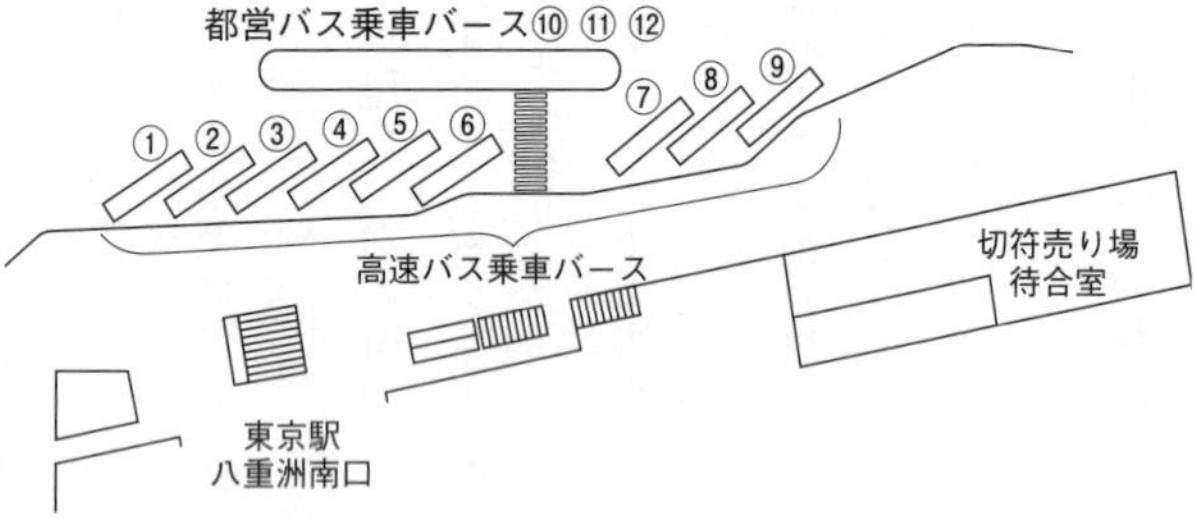

浜松町バスターミナル（バース方形配置）

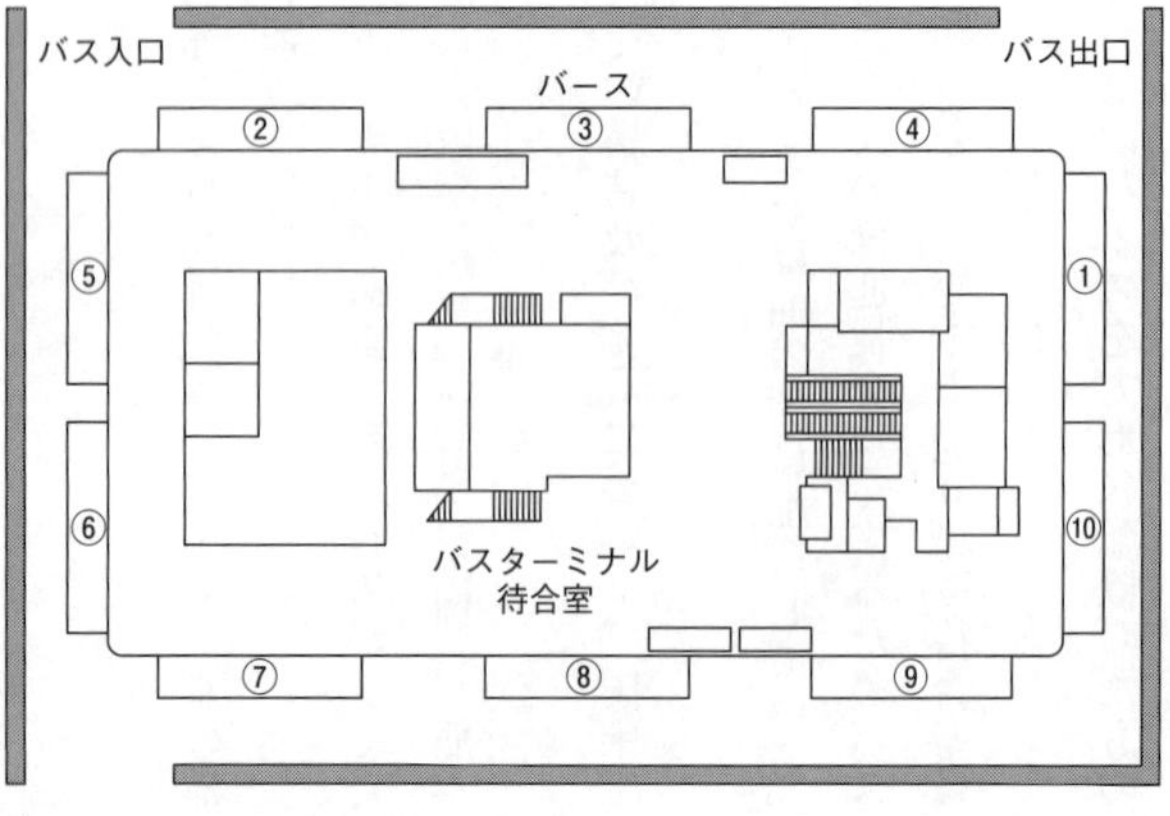

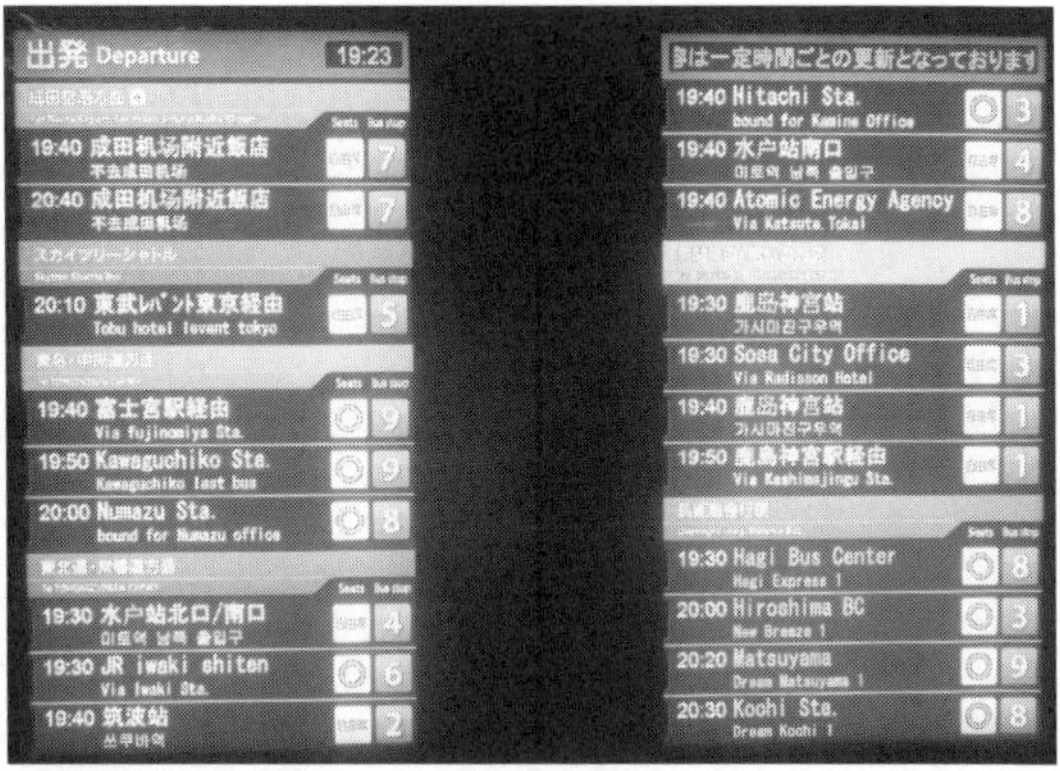

東京駅高速バスターミナルの案内表示には英語、中国語、ハングル表記もある

が多い。乗車券売り場や待合室は方形内に設けられ、出入りは上下階から行う。ビル内で排出ガスの換気が良くないことや冷暖房から、方形部とバス車路をガラスで分離したターミナルも多い。

案内設備では、乗車券の発売状況（空席・満席）、発車バース案内、遅れ等が表示され、外国語表記を取り入れているターミナルもある。

パーク&ライドへの取り組みも

高速道は市街地郊外に建設されており、その近傍にあるバスターミナルへの乗用車アクセスの利便のため、バスターミナルに駐車場を併設しているところもある。

鉄道短絡路線として高速バス利用が有利である、東京湾アクアラインを利用する南房総（木更津、君津、袖ヶ浦の近郊等）や明石海峡大橋を利用する四国（徳島、高松の近郊等）では、特に積極的に設置されている。

これらの駐車場はバス会社が設置するケースもあるが、自治体が設置するケースもある。新宿～佐野（栃木県）間の鉄道短絡路線（JRは両毛線・東北本線等で佐野～新宿間105キロ、バスは東北自動車道経由で81キロ）の発着地となる「佐野新都市バスターミナル」は駐車場を含め自治体が設置している。高速バスが重要な交通インフラとして価値が認められ、その利便性向上に自治体も積極的であることを示している。

第2章 高速バス路線免許をめぐる争い

――国鉄バスVS民営バス、最適任者はどっちだ？

名神高速道路を利用した路線バスを運行しようと計画していた昭和30年代（１９５５〜６４）当時、路線バスを運行するには、運輸省（当時）の免許を路線ごとに必要としていた。高速道路の建設で本格的な「道路時代」を迎えるにあたり、高速道路での路線バス事業は大きな市場に成長することが期待され、その営業権である免許の取得は、どの事業者にとってもまさに将来の社運を決する重大事項であった。

高速バスの免許をめぐって国鉄バスと民営バスで、激しい論争が繰り広げられ、それは「鉄道とバスによる全国統一輸送網の形成」と「自由主義経済における公的資本の制約」という、双方の根源的主張に関わる長い歴史を遡るものであった。

民営バスと国鉄バスの始まり

我が国では、バスは明治36年（１９０３）９月20日に京都の二井商会により初めて運行された。鉄道のような自前の地上設備（線路敷等）を必要としない手軽さから、その後、全国各地で多くの民営バス事業者が創業。揺籃期には４０００もの小規模事業者の乱立状態となったが、その後、自主統合し、大正から昭和にかけてバス事業の礎が築かれた。

国鉄バス（昭和24年〈１９４９〉までは鉄道省営バス）は、昭和５年12月の岡崎（愛知県）〜多治

「リニア・鉄道館」（名古屋市港区）に展示されている国鉄バス１号車
（写真協力：東海旅客鉄道株式会社　リニア・鉄道館）

見（岐阜県）間等65・8キロの運行が最初である。
大正11年（１９２２）、「鉄道敷設法」の改正で地方路線を含めた膨大な建設予定線が盛り込まれたが、その多くは不採算路線であり、バスで鉄道建設を代行すべく、昭和4年9月、鉄道大臣は省内に「自動車交通網調査会」を設置し、「鉄道、軌道と関連する自動車交通網に関する事項」の調査審議を命じた。調査会は「国有鉄道に於いて其の附帯の業務として経営する事を得る自動車運輸事業は差当り之を実行するを可と認む」と答申し、岡崎〜多治見間の運行が開始された。

国鉄バスの民業圧迫論と「国鉄バス4原則」

「自動車交通網調査会」の答申に基づき、鉄道省は鉄道予定線の代行としてバス路線を拡大していき、開始から10年、昭和15年（1940）度末には営業キロは2619キロに達していた。この省営バスの拡大は民間事業者を圧迫しているとして、昭和9年には日本乗合自動車協会（バス事業者の団体、以下、日乗協。現日本バス協会）が省営バス反対運動を開始している。

戦中統制下を経て、鉄道省は昭和24年、公共企業体・日本国有鉄道（国鉄）に移行し、独立採算制で採算を重視したが、国鉄バスの路線は拡大が続いた。

日乗協は、「揺籃期から我が国のバス輸送を支えてきたのは、民営バス会社である」との自負に加え、戦後の自由主義経済のもとで、民営を主体とした公正な事業運営が行えると期待した中での、こうした国鉄バスの拡大は、「国営企業として許された限界を超え、民営バスの輸送分野への進出を企図している」と反発を強めていた。

日乗協の反発に対し、運輸大臣は昭和27年2月第13回国会参議院運輸委員会で、「国鉄バスの運営は日本国有鉄道法第3条『鉄道事業に関連する自動車運送事業』に限られており、これを要約すれば、

国鉄線の先行（鉄道路線の建設に先立ち、建設されるまで）あるいは

代行（鉄道路線の建設を行わず、その代わりに）、

短絡（鉄道路線の遠回りを解消）若しくは

培養（鉄道を利用するための駅までの輸送）

という4原則である」

と表明した。これがいわゆる「国鉄バス4原則」で、事業範囲を大きく制約した。

しかしながら、これでも全面的には解決しなかった。鉄道予定線の周辺には民営バスの路線が拡大していたことで、競合するケースが、以前より増したためである。

日乗協は同年11月「国鉄自動車対策委員会」を組織し、対策を強化した。

こうした事態に運輸省は、昭和29年4月、国鉄バス・日乗協に対して、

①原則として相手の立場を尊重し、融和協調の精神に則り相互に侵さないこと

②利用者の利便を確保増進するため、公共事業の立場から自主的調整に努めることを勧告し、両者は受け入れた。これを機に国鉄バスも日乗協に加入し、協会の「バス路線調整委員会」で調整が行われ、その結果を運輸協定にした。

こうして、国鉄バスと日乗協は協調することとなった。

国鉄バス・民営バスの協調と中長距離バス

戦後の復興事業で道路整備（ジャリ道の舗装、拡幅等）が進み、また自動車産業の復興で車両

の性能・機能が向上したことで、鉄道幹線に沿った道路を利用した民営バス会社による中長距離バスの運行が始まり、昭和30年（1955）には運行距離100キロ以上は69路線を数えた。

こうした中長距離バスは、それまでの鉄道の輸送分野に進出するものであり、国鉄から旅客の流出を招き、経営を悪化させることが懸念された。

このため運輸省は昭和30年、大臣の諮問機関「日本国有鉄道経営調査会」を設置し、「国鉄の経営形態はどうあるべきか」を諮問した。

調査会は昭和31年1月の答申で国鉄自動車（バス・トラック）については、

「最近の民間自動車の発達はめざましく、このため国鉄は客貨を奪われつつある。私鉄なども鉄道で損をしても自動車で儲けて、経営をたてているものが多い状況であるから、国鉄も大いに自衛手段として国鉄自動車を進出させるべきであろう」と指摘した。

これを受け国鉄は、昭和32年「国鉄自動車の基本方針」を理事会で決議し、バスについては、

「既設の旅客路線は存続するが、逐次都市間を直送する中長距離運転系統、特に急行バスの設定等に重点をおく。また、鉄道輸送の補完的または代行的輸送となる急行中長距離自動車輸送、及び高速自動車道上での自動車運送事業を推進する」とした。

これは従来の国鉄バス4原則に対し、鉄道輸送の補完機能を加えたものであり、民営バスの反

発も予想されたが、昭和29年の運輸省勧告に基づき調整を行い、昭和33年3月に山口～博多間（関門急行線）を国鉄バスと関門急行バス（民間バス会社の出資する合弁会社）とで運行を開始した。

各地で中長距離バスの運行が、国鉄バス・民営バスの共同または単独で活発に行われ、昭和35年度には運行距離100キロ以上が136路線と、5年間で約2倍となった。

さらに、名神高速道路を利用した路線を含め63路線が申請されており、中長距離バスへの関心が非常に高まっていた。

名神高速道路での路線バス免許申請

「国土開発縦貫自動車道建設法」（後の「国土開発幹線自動車道建設法」）が昭和32年（1957）に制定され、全国の6自動車道（北海道、東北、中央、中国、四国、九州）が明記されると、早くも翌33年に民間バス会社は高速道路を利用した、全国での路線バス（高速バス）免許の取得を目指し動き出した。

日乗協が中心となり、全国の民間バス会社の出資で日本急行バス（株）（以下、日急）が昭和33年1月に設立され、代表取締役に愛知県乗合自動車協会長（名古屋鉄道〈以下、名鉄〉会長）、取締役に地域ごとの都道府県乗合自動車協会長、相談役に日乗協会長が就任した。その設立要旨で、

①高速縦貫道の完成は我が国の交通維新である
②しかし、現在安定している輸送分野を混乱させることは好ましくない
③既存業者の連携において全国交通網の安定をはかりたい
④業者の結集である日急は高速道でのバス事業の「最適任者」である

とし、鉄道による全国輸送の経験を有する国鉄バスの参入を牽制した。そして同年6月に名古屋～神戸間の免許を申請した。

一方、国鉄バスは名神高速道路を利用した運行計画を詳細に検討し、昭和36年4月、名古屋～神戸間を根幹とし、金沢～天王寺間、四日市～京都間等13路線で形成する交通網を申請した。

この他、大阪（難波）～名古屋間で鉄道路線をもつ近畿日本鉄道（以下、近鉄）は、企業防衛（鉄道利用者の高速バスへの流出を自社で受け止める）を理由に申請し、さらに名神高速自動車（阪急電鉄〈以下、阪急〉出資）、関西高速自動車（阪神電気鉄道〈以下、阪神〉、南海電気鉄道〈以下、南海〉、京阪電気鉄道〈以下、京阪〉出資）、北陸急行バスのほか、高速道路の一部区間を利用するとして名鉄、三重交通、近江鉄道など13社による空前の申請合戦となった。

高速バス事業「最適任者」はどこか？

民営バス事業者による国鉄バス進出反対業者大会（昭和38年4月）

日急の高速バス事業「最適任者」論に対し、国鉄バスは、昭和37年（1962）2月、幹線道路輸送の経営体として、国民経済的観点から具備すべき条件として、「高度の技術水準の確保」「全国的な統一経営体」「陸上交通政策の具現化」を示し、「国鉄バスを母体とした経営体が望ましく、鉄道とバスの総合経営によって両者の過当競争による国家的損失を防ぎ、国鉄の経営を健全なさしめる」と主張した。

これに日急は反発し、さらに政府内に国鉄バスの高速バスへの無制限の進出は、「日本国有鉄道法」第3条「鉄道事業に関連する自動車運送事業」の範囲を逸脱するとの見解も出始めた。

こうした事態に国鉄は、昭和37年9月、総裁の諮問機関として「国鉄自動車問題調査会」を設置し、「日本国有鉄道の経営すべき自動車運送事業の分野」について諮問し、調査会は法律専門家の見解を踏まえ、同年12月、

「国鉄バスの分野が鉄道線と無関係の道路上におよぶのでなく、鉄道との補完的関係に立つ路線に限定されるならば『鉄道事業

に関連する自動車運送事業』であり、現行法の範囲内にとどまりうる。『道路時代』における国鉄の役割は、鉄道とバスとの補完的な機能結合による全国統一輸送網の形成である」と答申した。

国鉄はこの答申に沿って昭和38年2月「今後の国鉄自動車運営の基本的方向」として、理事会決議をした。これは昭和32年の理事会決議「国鉄自動車の基本方針」を踏襲・強化したものである。

日本乗合自動車協会の反駁《はんばく》と「国鉄バス5原則」の確立

国鉄の「国鉄自動車問題調査会」の答申に対し、日乗協はただちに「国家資本による全面的な民営企業圧迫である」と絶対反対の態度を明らかにし、昭和38年（1963）4月には国鉄バス進出反対業者大会を開催した。

そして、「わが国におけるバス輸送のあり方について（「国鉄自動車問題調査会」の答申に論及しつつ）」を発表し、

「答申は『日本国有鉄道の政策転換がもたらす民営バスの圧迫を斜陽化の防止、公共性の発揮という美名で糊塗しようとしているにすぎない』、『日本国有鉄道を擁護するための企業防衛思想をいかに理論づけるかに終始している』。

鉄道の補完については、『(国鉄バスで補完するという）４原則の否定的態度は国営事業の本質を無視した独善的な見解である』、『国鉄側で公正妥当に運営すれば、民営バスで当然、鉄道との補完は果たせる』、『民営バス網を利用して十分な補完の実をあげ、利用者の利便をはかるのが最善の道で、国家経済上も適当な方法である』。

長距離バスの運営主体（経営体）については、『各事業者の相互乗り入れ、又は共同体の形式で、他の路線との総合運営が可能な体制を作っており、長距離路線についても共同会社の設立、路線延長など、あらゆる対策が立てられている』よって『真に能率的な運営は、あくまで（営業キロ14万キロメートルにおよぶ）民営バス事業の総合運営において解決されるべきである』。

そして、『(税制等）数々の特恵的なものを持つ国鉄バスと民営バスでは、その基本条件に大きな開きがある。この両者が同じ輸送分野で競争した場合、優劣がでるのは当然である』。

従って、『国家資本は民間資本を圧迫してはならない、という大原則に立ちかえり、民営との比率が、僅か５％しかない国鉄バスの全面的な全国幹線輸送網への進出の容認は、私企業を原則とする自由主義経済下の我が国において許されるべきことでない』

と反駁した。

これに対し、国鉄の「国鉄自動車問題調査会」は同年７月、

「高速自動車国道上におけるバス事業は、広く国民経済的視野に立って、陸上交通政策の観点から、『公的資本（国鉄）』と『私鉄資本（民間）』がそれぞれその特長を発揮して、併存することが必要かつ最善である」との結論を発表した。

こうした国鉄バスと民営バスの対立の中、運輸省は同年6月「高速道路上におけるバス事業のあり方」を発表した。「過当競争を避け、公衆のために公正な競争によるサービスの向上」を目指し、認可の基本方針として、

①差し当たり名神間、将来は全国的な幹線輸送を計画して申請した国鉄と日本急行バスは、共同出資して新日急バス（仮称）を設立するよう行政指導し、幹線輸送に専念させる

②名神間輸送を主目的に申請した近鉄、名神高速自動車、近江鉄道、北陸急行バス、関西高速自動車、京阪自動車の6社についても関係会社が協力して新会社を設立することが望ましい

を示し、全国規模の会社と地域ブロックの会社で行うことを目指した。

日急はこれを受け入れたが、国鉄は日本国有鉄道法により出資が認められていないこともあり、従来からの単独での参入を目指したため、この基本方針では解決しなかった。

こうした中、運輸省は同年11月、鉄道監督局長から国鉄総裁への通達で、「国鉄バスによる『鉄道の補完』については、鉄道輸送力が不足し輸送力の増強が要請される場

合、当該線区の沿道路線のバス運行に限る」と限定した上で、補完を認めた。これにより「国鉄バスの5原則（先行・代行・短絡・培養・補完）」が確立した。

国鉄バスによる鉄道の「補完」が運輸省に認められても、日乗協・日急の態度が変わらなかったため、名神高速道路の開通（昭和39年9月6日）を目前にした6月12日、運輸省は運輸審議会に13社の申請を一括して諮問した。

世紀の運輸審議会公聴会

名神高速道路の路線バス免許の諮問を受けた、注目の運輸審議会の公聴会は7月10日から国鉄会議室で始まった。

この名神間の路線免許は、単なるこの路線での免許問題にとどまらず、我が国に新たに到来する道路時代におけるバス運行形態の問題であり、その後の陸上交通の原形を決定することからも、この公聴会はまさに「世紀の大公聴会」であった。

論戦の中心は国鉄バスの参入の適否であり、新日急バス構想を受け入れた日急の主張は、「全国規模の高速バスを全国のバス事業者の共同出資により設立した共同体の手で経営したい。

全国バス事業者の協調を確固とするために、国鉄も資本参加して欲しい」というものだった。

一方、国鉄は数年来、幅広く検討し積み上げてきた理論に基づき、

「バスはいまや鉄道に匹敵する機能を持つに至っており、バスに鉄道の補完機能を持たせ、鉄道とバスを組み合わせた高度な輸送サービスの提供が、国鉄に課せられた使命である。

高速道路上のバス経営は日本国有鉄道法第3条に定める『鉄道事業に関連する自動車運送事業』の範囲内である。

国鉄は独占を主張しているのではない。また、国鉄は税制面での有利さはあるが、一方、多くの赤字路線の経営を行わねばならず、民営との競争で特に有利であるわけでない」

と主張した。

これらに対する、国鉄バスの参入へ反対する公述は大きく分けて2つあり、

「国鉄は本来の業務である鉄道輸送に専念すべきである。また、高速バスは『鉄道事業に関連する自動車運送事業』の範囲外である」

「国鉄の参入は膨大な国家資本を背景に採算を無視し、赤字覚悟で民営バスを圧迫するものである。また、国鉄バスは税制面、資本力で民営よりはるかに有利で競争条件が公正でない」

というものであった。

一方、国鉄バス参入への賛成公述では、
「交通革命的事態での交通政策上、参入が必要」（交通政策学者）
「現行法のもとで高速バスも可能」（法律学者）
「民間企業の日急が独占をねらい、国鉄が民間との二本立てでよいというのは国鉄の進歩である。企業性を持ち熱意を持って仕事に当たっている姿には満腔の敬意を表する」（財界人）
等々、各界の識者からの表明があった。
また、近鉄は「企業防衛上」一歩も退けないと主張した。
50時間、学者・評論家・財界人・利用者代表など一般公述人120人に及ぶという前代未聞の公聴会は、5日間（日曜日を除く）にわたり行われ7月15日に終え、9月4日に、
「名神間を主目的とするものについては国鉄と民営2社とが望ましい」
との答申が出され「官民」でのスタートとなった。
そして、答申に対し運輸大臣は声明を出し、

5日間にわたって行われた運輸審議会の名神公聴会
（昭和39年7月）

「民営2社について、日急は名鉄・京阪・阪急の3社を主軸に体質改善を行う。もう1社は近鉄・阪神・南海により設立させる」

とし、「日本高速自動車（株）（以下、日本高速バス）」が設立され、国鉄バスと名神間の地域社会、日本急行バス・日本高速バスの3社で名神高速道路を利用した高速バスが運行されることとなった。

このように、全国展開を見通した「日急」の「新日急」への衣替えは消え、日急・国鉄バスの全国展開もペンディングとなった。

この答申では、高速バスという新しい輸送手段（車両はバスであるが、運行距離・速度は鉄道に近い）に対し、近鉄の「企業防衛」論が示すように、国鉄・近鉄は鉄道路線で得ていた既得権が、日急は民営バスのバス路線（各社の路線を繋ぐと名神間に匹敵）の既得権が守られた。昨今の規制緩和、新規参入・自由競争の時代とは異なり、規制・既得権重視の時代における結論といえる。

第3章 高速バスはこうして始まった

——名神・東名・中国ハイウェイバス、ドリーム号の登場

名神ハイウェイバスは昭和39年（1964）10月5日に、次いで東名ハイウェイバスは昭和44年6月10日、中国ハイウェイバスは昭和50年11月1日に開業し、東京から落合（現岡山県真庭市、路線総延長735キロ）が結ばれた。これらの路線で、国鉄バスが中心となり、バス車両の開発、喚呼運転・等速運転等の操従技術、座席の予約販売（マルス）等の高速バス輸送の基礎が、昭和50年頃までに形成されたのである。まさに高速バスにおける「基礎形成期」と呼べる時期であった。

名神・東名ハイウェイバスではスタートは順調だったが、次第に利用者が減少し、新幹線並行路線の難しさが露呈した。一方、「ドリーム号」では夜行便の有効性が、中国ハイウェイバスでは鉄道短絡路線の強みが示されることとなった。

名神ハイウェイバス

我が国初の本格的な高速バス（名神高速道路の部分開通時に一般道の路線バスが一部区間で高速道路を利用したケースはすでにあった）、愛称名「名神ハイウェイバス」（国鉄における路線名は名神高速線）は昭和39年（1964）10月5日に名神高速道路（一宮IC〈インターチェンジ〉

〜西宮ＩＣ）を利用し、名古屋〜新大阪間・名古屋〜神戸間で国鉄バス（現ジェイアール東海バス・西日本ジェイアールバス）・日本急行バス（現名鉄バス）により運行を開始した。続いて、翌年3月6日には、名古屋〜京都間を加えた3区間で、日本高速バス（現名阪近鉄バス）を加えた3社による運行に拡大した。

それから50年の歴史を刻んだ。バス車両の開発に成功し、好調なスタートであったが、その後の歩みは順調ではなかった。

日本初の高速道・名神高速道路とターミナル

名神高速道路（以下、名神道）は国土開発縦貫自動車道建設法に定められた中央自動車道西宮線の一部（愛知県小牧市〜兵庫県西宮市）である。中京と京阪神を高速道路で直結し、日本の6大都市のうちの4大都市が含まれ、人口も全国の5分の1を占め、中京から京阪神にかけての一大経済圏が形成されるとの期待を集めていた。

部分開通を重ね、昭和39年（１９６４）9月6日に一宮ＩＣ〜西宮ＩＣ間（１８１・０キロ）が開通した。この時期は、東京オリンピック（昭和39年10月10日開会式）に向け、東海道新幹線、首都高速道路等のインフラ整備が進められていたが、名神道もオリンピック前の開通となった。

名神ハイウェイバス路線図

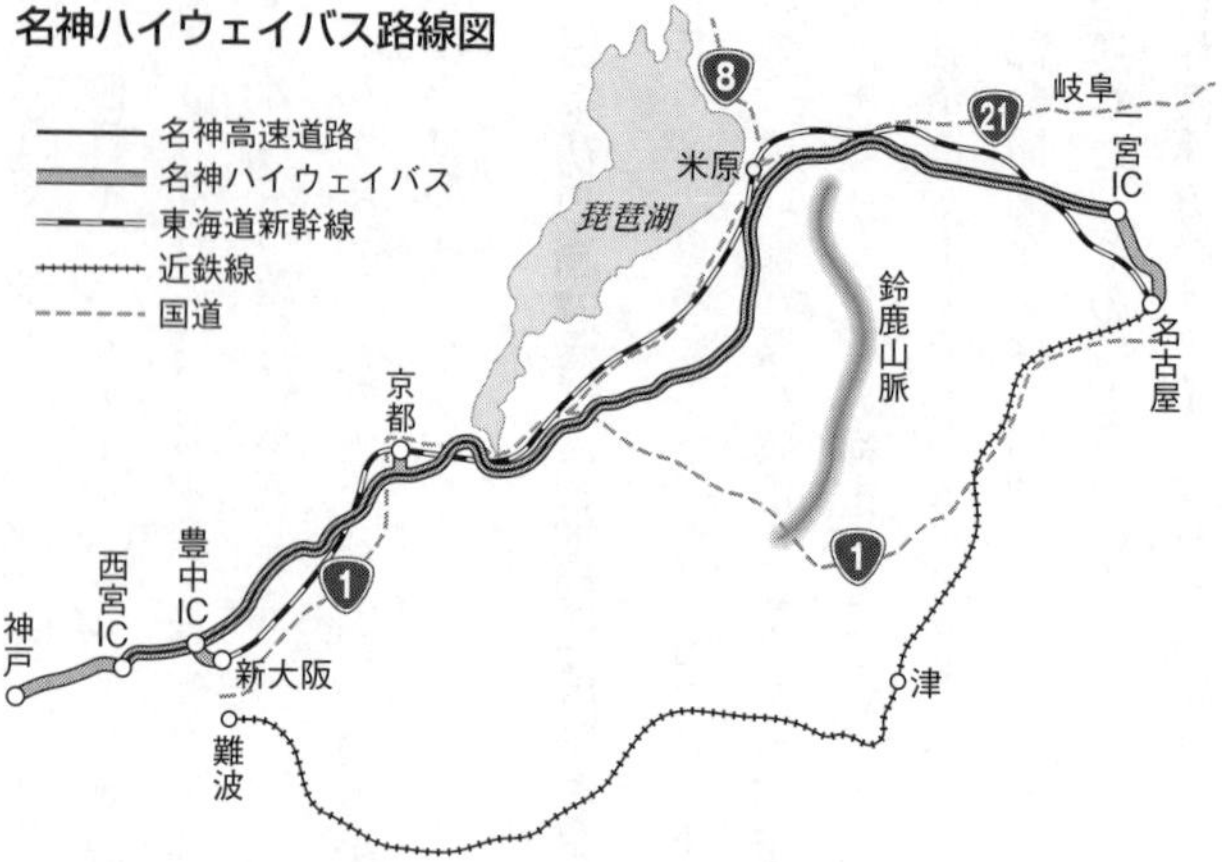

この道路は片側2車線、最高時速80キロ（昭和40年9月より時速100キロ）で、バス停は28カ所（約6キロ間隔）と、沿線全域にわたりバスが利用可能なように数多く設置された。

そして、ターミナル（始終着）は「鉄道の補完」機能を果たす上からも、名古屋駅・新大阪駅（当時、新大阪駅と大阪駅の間の道路整備が遅れていたため、東海道新幹線の開業により設置された新大阪とした）・神戸駅・京都駅の駅前広場とした。

バス停は高速道路上（日本道路公団が28カ所設置）に加え、豊中IC～新大阪間に1カ所、西宮IC～神戸間に3カ所設けた。

ターミナル・バス停は「鉄道の補完」機能から「駅」と呼ぶこととし、その名称は鉄道と同一箇所の場合は同一名（例えば名古屋）、同一地域の場合は「名神」

を冠した（例えば彦根市内にある鉄道の「彦根」に対し「名神彦根」）。

高速バス車両の開発――歴史的イノベーション――

国鉄バスでは昭和33年（1958）に早くも高速バスの検討を始め、自ら費用を負担してバスメーカーとともに試作車を製作した。

当時のバスは、一般道を時速40キロ程度で、しかも交差点等での停車、発車を繰り返しながらの運転であった。一方、高速バスは、高速道路を2倍以上の速度である時速100キロで、しかも数時間にわたる連続運転になる。そのような条件に耐えうるバスの開発は、まさに、「イノベーション」（技術革新）であった。

開発のテーマは、高速・長時間連続運転のための高出力エンジン開発、高速運転により重要度の増す安全性向上、長時間乗車に対応する居住性・乗り心地の確保、運転経費低減等であった。

昭和36年に日野のRX10が完成、続いて同37年にいすゞのBU20PA、三菱日本重工業（現三菱ふそうバス・トラック、以下、三菱）のMAR820改が完成した。

車体（ボディー）は流線型の軽合金（アルミニウム合金）製モノコック構造を採用し、空気抵抗の低減・軽量化（鋼鉄材の使用に比し約1トン）を図った。エンジンは230〜290PSと

開業前の名神高速道路で試運転する試作車（日野RX10）

いう高出力を実現（当時の大型バスは160PS程度）するとともに、アンチスキッド装置、パワーステアリング、エアサスペンションなどの新技術を採用して安全性・乗り心地の向上を目指した。

この時のアンチスキッド装置の機能は、路面がすべりやすい時に、あらかじめレバー操作により前輪の制動力を70％に低下させ、前輪のロックによるハンドル操作不能を防止する、いわゆる「簡易型」と呼ばれるものであった。

ハイデッカー（タイヤハウスの室内への張り出しがない）・リアエンジン方式の採用による車内スペースの確保、冷暖房の装備、リクライニングシート（2段式）等で居住性アップを図った。

試作車は国鉄バス白棚線《はくほう》（78頁参照）、部分開通した名神道等を使用して、高速性能をはじめとする各種のテス

昭和38年8月、東京駅丸の内口前広場に展示された名神ハイウェイバス車両。座席はリクライニングも可能で、当時では豪華な車両だった

トを行い、日野と三菱を開業時のバスとして採用した。

昭和39年の開業時のバスは、テスト結果に基づき技術的な改良を加えた。特に、日野は高速試験の環境の整っていたハワイに運び込みテストを重ね、当時、世界で最大といわれる320PS（DS120型、水平対向12気筒）のエンジンを開発し、置き換えた。

また、居住性アップのため、座席配列を11列から10列に、リクライニングシートは4段式に変更し、補助席のない乗客定員40人とした。

なお、パワーステアリングは、高速走行時、ハンドル安定性が良くないことから採用しなかった。

そして、翌40年の新製車（増備）はバスの全長を12メートルの法令限度まで伸長（430～700ミリの拡大）、広くなったスペースを利用し、座席は11列、車内左側最後部にトイレを取り付け（開業時のバスの1両に試

白棚線は福島県白河市と棚倉（たなぐら）町間を運行していた国鉄の地方鉄道線で、戦時中の物資供出のためレールを撤去した。戦後、軌道敷を国鉄バス専用道路に改修し、昭和32年からバスを運行した（路線距離23.6キロ）。当時の一般道の多くは最高時速40キロ程度であったが、この専用道は時速60キロが認められており、走行テストに適していた

験的に取り付けたのが日本で最初）、乗客定員40名、床下には冷暖房機器に加え、約1立方メートルの荷物室（トランクルーム）を設置した。また、実用化の始まったばかりの自動車無線を取り付けた。

このように歴史的イノベーションともいえる開発が行われた。この時に取り入れられた各種の機能、装置、座席・トイレのレイアウト等の多くが現在に引き継がれており、このイノベーションがレベルの高いアイデアで行われたことを示している。

以上は国鉄バスの開発であるが、これらと同様の機能・装備を持つ（または一部を取り入れた）バスが他の2社（日本急行バス、日本高速バス）でも使用された。

開業時の運行計画は「準急列車の代替」だった

国鉄バスは「鉄道の補完」のために高速バスに参入した。名神間における機能の分担は、
①京浜から京阪神への利用（それまで特急・急行列車）は新幹線（昭和39年〈１９６４〉10月開業）
②名古屋～京阪神間の主要な中間駅を含めた利用（それまでは準急列車）は高速バス
③在来線は大都市通勤・通学輸送、貨物輸送
であった。したがって、名神ハイウェイバスの運行計画では、準急列車（10往復）の代替を果たすとともに、近鉄の大阪（難波）～名古屋間の鉄道利用者の転移の受け皿となることを考慮する必要があり、そして高速バスという新しい交通手段による需要喚起も期待できた。

しかしながら、大阪の発着地が新大阪であること、準急列車利用者の新幹線への転移が考えられること、準急列車の廃止は順次行われること等も考慮する必要があった。

これらから、昭和39年10月の国鉄バス、日本急行バスの２社運行時においては名古屋～新大阪間（運行距離１９３キロ）40往復、名古屋～神戸間（同２１６キロ）20往復でスタートし、日本高速バスが加わり本格運行となった翌年３月６日からは名古屋～京都間（同１５４キロ）が加わり、３社計で90往復となった。

（→82頁に続く）

営業使用車			
昭和39年 (1964)		昭和40年 (1965)	
日野 RA120P	三菱 MAR820改	日野 RA100P	三菱 MAR820改
11,550	11,250	11,980 2,490（幅） 3,025（高さ）	11,950 2,500（幅） 3,090（高さ）
13,470	12,345	14,003	12,675
40 立席なし	40 立席なし	40 立席なし	40 立席なし
130	135	130	135
DS120 水平対向 12気筒	8DB2 V型8気筒 （ターボ付）	DS120 水平対向 12気筒	8DB2 V型8気筒 （ターボ付）
15,965	11,404	15,965	11,404
320/2,400	290/2,300	320/2,400	290/2,300
103/1,600	98/1,600	103/1,600	98/1,600
流線型軽合金製モノコック		流線型軽合金製モノコック	
リア		リア	
不明	上部開閉 下部固定	上部開閉 下部固定	
エア（ドラム式）		エア（ドラム式）	
		アンチ スキッド付	
エキゾースト		エキゾースト	
なし		なし	
エア		エア	
主エンジン直結駆動式冷房 温水暖房		主エンジン直結駆動式冷房 温水暖房	
		自動車無線、トイレ付	
帝国 自動車工業	富士重工業	帝国 自動車工業	富士重工業
3	14	15	15

表4　名神ハイウェイバス車両の仕様　試作車～昭和40年（1965）新製車

		試作車		
		昭和36年 （1961）	昭和37年 （1962）	昭和37年 （1962）
車種		日野 RX10	三菱 MAR820改	いすゞ BU20PA
車両長さ mm		10,990	11,250	11,120
総重量 kg		12,825	9,410（空車）	9,970（空車）
乗客定員　人 （座席+立席）		63 （48+15）	63 （44+19）	59 （44+15）
最高速度 km/h		120	133	123
エンジン	形式	DK20T （ターボ付）	8DB2 V型8気筒 （ターボ付）	DH100H 直列6気筒 （ターボ付）
エンジン	排気量 cc	10,178	11,404	10,179
エンジン	最高出力 PS/rpm	230/2,300	290/2,300	230/2,300
エンジン	最大トルク kg-m/rpm	81/1,600	98/1,600	81/1,600
ボディー		流線型軽合金製モノコック		
エンジン搭載箇所		リア		
客室窓		固定	上部開閉 下部固定	固定
ブレーキ	主	エア（ドラム式）		
ブレーキ	主	アンチ スキッド付		
ブレーキ	補助		エキゾースト	注1
パワーステアリング		あり		
サスペンション		エア		
冷暖房		主エンジン直結駆動式冷房　注2 温水暖房		
その他				
車体製作会社		帝国 自動車工業	富士重工業	帝国 自動車工業
製造両数		1	1	1

注1　エディカレントリターダー（オイルを利用した補助ブレーキ）とエキゾーストブレーキを併用
注2　主エンジン直結駆動式冷房は走行用エンジンにより冷房装置を駆動

準急列車の利用者は約1万5000人/日で、名古屋、京都、大阪、神戸及び名神道に近い、大垣、彦根、草津、大津間は9600人/日。名古屋～大阪間の直通利用者は3800人/日、名神道に近い駅の相互間と名古屋、大阪への利用者は2100人/日で、その合計は5900人/日であった。

これを基に、前述の要素を考慮し、また、バスの特性である続行便の運行体制を整えることとし、名古屋～新大阪間45往復（輸送力3600人）とした。運行種別は、特急（ノンストップ）21往復、急行（準急列車の途中主要駅に対応する名神大垣、名神関ヶ原、名神彦根、栗東《りっとう》、名神大津、及び京都市南部の名神深草、それに一般道上の豊中庄内に停車）18往復、各停（建設主体である道路公団が地元と調整してバス停を設置しており、各停を設けるよう行政指導があった）6往復とした。

特急は所要時間3時間10分（準急列車より約30分長い）、ターミナルを7時台から18時台までおおむね40分間隔、急行（所要時間3時間15分）もおおむね40分間隔の運行とし、わかりやすいダイヤとした。各停は同3時間30分。

名古屋～神戸間の準急列車利用者は200人と少ないが、大阪で乗り換えていることも考えられること、高速バスという新しい交通手段と高フリークエンシーによる誘発を考慮し、24往復（輸

名神ハイウェイバス出発式（昭和39年10月5日、新大阪）

送力１９２０人）とし、すべて急行で途中10カ所に停車し、所要時間は３時間45分、運行間隔を30分とした。

名古屋～京都間の準急列車の直通利用者は約２９００人／日、主要中間駅の利用者は６００人／日である。21往復（輸送力１６８０人／日）をすべて急行とし、６カ所に停車、所要時間は２時間35分で運行間隔は30分。

運賃は運行３社同一で名古屋～新大阪間５９０円で、準急列車より30円安く（鉄道運賃には準急・急行・特急料金含む、以下、同じ）、名古屋～京都間は４８０円、名古屋～神戸間は６５０円。乗車券は各社で共通に利用できることとした。

実際の利用者状況はどうだったのか

運行ダイヤの変遷を、データが公表（『国鉄自動車五十年史』）されている国鉄バスの輸送人員等を基に追ってみる。

以下、この項は国鉄バスのみの内容である。

昭和40年（１９６５）度の運行本数は30往復（輸送力２４００人／日）で、総輸送人員は62万人（１６９８人／日、準急列車利用者９６００人／日を運行３社で３２００人／日ずつ分担するとすれば、その53％）、続行便の運行があり乗車率は約50％であった。平均乗車距離は１４８キロで、名古屋から京都深草の距離に匹敵し、名古屋と京都・新大阪・神戸の直通利用（長距離利用）が多かった。輸送人員は昭和41年度に増加（64万４０００人）したが、同42年度は52万６０００人に減少した。

大阪市内の道路整備が進んだことから、昭和43年４月26日にターミナルを新大阪駅から大阪駅という好適地に移し、昭和43年度の輸送人員は57万６０００人と前年度より増加した（対昭和40年度93％）。

昭和44年６月の東名ハイウェイバスの開業に合わせ、マルス（国鉄の座席予約システム）による座席予約を開始し、７日前からの予約を可能とした。昭和44年度の輸送人員は62万人（対昭和40年度１００％）、平均乗車距離は１５３キロに伸び、長距離輸送が増えた。

昭和45年３月から９月に大阪府吹田市でアジア初の万国博覧会が開催され、空前の見学者が訪

表5 名神ハイウェイバス輸送実績　国鉄バス（昭和39年度～54年度）

年度	運行本数・往復（年度末）				輸送人員		平均乗車距離	
	名古屋～大阪	名古屋～京都	名古屋～神戸	計	千人	40年度比　%	km	昭和40年度比　%
昭和39年	15	7	8	30				
昭和40年	15	7	8	30	620	100	148	100
昭和41年	15	7	8	30	644	104	145	98
昭和42年	15	7	8	30	526	85	130	88
昭和43年	15	7	8	30	576	93	131	89
昭和44年	15	7	8	30	620	100	153	103
昭和45年	15	7	8	30	878	142	160	108
昭和46年	12	8	4	24	583	94	138	93
昭和47年	12	8	4	24	524	85	136	92
昭和48年	12	8	4	24	468	75	128	86
昭和49年	8	9	3	20	481	78	116	78
昭和50年	8	9	3	20	438	71	107	72
昭和51年	8	9	3	20	391	63	104	70
昭和52年	8	8	0	16	397	64	100	68
昭和53年	6	8	0	14	366	59	98	66
昭和54年	6	8	0	14	363	59	98	66

注　大阪便の発着は昭和43年4月26日より新大阪から大阪に移転
(出典：『国鉄自動車五十年史』)

名神ハイウェイバスは、大阪万博開催時には臨時便も出るほど盛況だった（昭和45年3月）

れた。開催期間中、会場内にバス停を設置し、大阪便、神戸便は会場を経由するとともに、会場～名古屋間に臨時便「エキスポ特急便」を運行した。

これにより、昭和45年度は輸送人員87万８０００人（対昭和40年度１４２％）、平均乗車距離は１６０キロで、名古屋と万博会場に匹敵する距離になった（多くが万博会場への利用）。

昭和46年には輸送人員は減少に転じ、運行本数を30往復から24往復に削減した。同年度の輸送人員は58万３０００人と前年度より大きく減少（対昭和40年度94％）した。

そして昭和49年には運行本数を20往復に減便し、昭和50年度は輸送人員43万８０００人（対昭和40年度71％）と大きく減少し、平均乗車距離も１０７キロ（同72％）に短縮。名古屋～大阪間等の大都市間の利用が減少していることを示している。

昭和38年の準急列車利用者（直通及び名神道に近い駅）９６００人／日を運行3社で等分に分担すると３２００人／日であるが、万博利用のあった昭和45年度のピーク（輸送人員87万８０００人／年）でも、２４０５人／日で、準急列車の代替は果たせたとは言い難かった。

また、準急列車の名古屋～京阪神間直通利用は６９００人であり、72％を占めていた。高速バスが準急列車の代替を果たすことは、この大都市間輸送を担うことでもあったが、その利用が減少し、新幹線並行路線での難しさが顕在化してきた。

その後の名神ハイウェイバスの運行

国鉄バスの輸送実績によれば、昭和51年（１９７６）度以降も、年々、輸送人員の減少、平均乗車距離の短縮（直通利用の減少）が続き、昭和54年度には輸送人員は36万３０００人（対昭和40年度59％）まで減少し、平均乗車距離も98キロ（同66％）に短縮した。

このように、輸送人員の減少が続いていたため、主に特急の運行本数を削減し、神戸便は昭和52年3月末で運行休止した。

昭和55年以降の輸送人員は公表されていないが、運行ダイヤは輸送の状況に応じ設定されていくものであるので、ダイヤを基に、利用の実態とその背景を推察してみる。

準急列車利用者の代替として全てが高速バスに転移したわけではなかったが、順調なスタートを切った。しかし、万国博覧会（昭和45年）以降は利用の減少（特に直通利用）が続いた。これは、高速バスと同時（昭和39年）に開業した東海道新幹線が運行本数を順次増やし、昭和55年頃には「ひかり・こだま1時間あたり最大各5本」となっており、待たずに乗れるダイヤになっていたこと、また経済成長により時間価値が上昇し、速さを求めたことから、新幹線に転移したことが大きいと考えられる。

現在運行している名神ハイウェイバス（名阪近鉄バス）

表6　名古屋～大阪間（平成27年３月）

	高速バス	新幹線（のぞみ）
所要時間	2時間56分	1時間4分（のぞみ50分＋乗継・在来線14分）
運行本数	13往復	約80往復
運　賃	3000円	6560円

表7　名神多賀（高速バス）**・彦根**（在来線）**～京都間**（平成27年３月）

	高速バス	在来線（新快速）
所要時間	1時間8分	約50分
運行本数	12.5往復	約35往復
運　賃	1450円	1140円

表8　名神ハイウェイバス運行ダイヤの変遷　（運行3社の合計）

年	種別	名古屋～大阪 所要時間 時間	分	停車回数	本数往復	名古屋～京都 所要時間 時間	分	停車回数	本数往復	名古屋～神戸 所要時間 時間	分	停車回数	本数往復	合計 本数往復
昭和40年（1965）	特急	3	10	0	21									
	急行	3	15	7	18	2	35	6	21	3	45	10	24	
	各停	3	30	27	6									
	計				45				21				24	90
昭和55年（1980）	特急	3	13	14	4	2	40	12	7.5					
	急行	3	20	28	7	2	46	24	13.5					
	計				11				21					32
昭和62年（1987）	超特急					2	25	1	2.5					
	特急	3	18	14	1.5	2	42	12	5.5					
	急行	3	22	28	8	2	48	24	19.5					
	計				9.5				27.5					37
平成14年（2002）	超特急	2	56	5	2.5	2	22	0	3					
	特急	3	3	10	2.5	2	29	6	13					
	計				5				16					21
平成27年（2015）	超特急	2	56	3	11	2	13	2	3.5	3	2	2	6	
	特急	3	19	10	2	2	34	6	12.5					
	計				13				16				6	35

注　大阪便の発着は昭和43年４月26日より新大阪から大阪に移転。神戸便は昭和52年3月末休止、平成16年7月再開。本数は平日を示す

また、昭和62年のＪＲ移行に前後して、東海道本線（在来線）のダイヤが充実したことがある。この頃、貨物列車が大幅に削減され、旅客列車の運行本数を増加することが可能となるなど、鉄道の輸送力を補完するため高速バスを運行開始した昭和39年頃とは、鉄道の状況も様変わりしていた。昭和62年の運行本数は37往復。

さらに、沿線での自家用乗用車の普及が速いペース（例えば、世帯あたりの普及台数は平成3年〈1991〉に全国の約半数の都道府県で1台を超えていたが、滋賀県、愛知県はその中に入っていた）で進んだことで、途中バス停の利用が減少したことがある。この途中バス停の利用の減少は平成14年のバス停18カ所の廃止につながっていく。運行本数は21往復。

一方、バブル景気（昭和61年～平成3年）崩壊後、経済が低迷し、さらには、デフレに陥ったことで、若者を中心に安さを求める傾向が出てきたこと、全国的な高速バスの普及（例えば、平成10年に明石海峡大橋を利用した路線を開始等）で高速バスの認知度が上がったことで、近年、大都市間等の利用がやや持ち直した。

現在（平成27年4月）は、大阪便が超特急（3カ所停車）11往復、特急（10カ所停車）2往復の計13往復、京都便は超特急（2カ所停車）3・5往復、特急（6カ所停車）12・5往復の計16往復、神戸便（平成16年7月再開）は超特急（2カ所停車）6往復、合計35往復で、昭和40年

（90往復）の約4割の運行規模である。

速さを武器とし運行本数の勝る新幹線、ダイヤ改善により便利さが増した在来線（鉄道駅は人口集積地にあり、郊外を通る高速道のバス停より便利で、運賃は一般的には鉄道とバスは同額程度であるが、この区間は高速道が滋賀県内で迂回している等からバスが高い）、機動性・融通性に優れた乗用車との競合の中にあって、名神ハイウェイバスは、開業時、鉄道の補完として都市間輸送で多くの利用があったものが、現在では「安さを重視する」、または、「バス停近くに居住する」等の利用に限られ、しかしながら、堅い利用層に支えられている。

東名ハイウェイバス

東名高速道路を利用した国鉄バス（現ジェイアールバス関東・ジェイアール東海バス）による東京〜名古屋間の高速バス、愛称名「東名ハイウェイバス」（国鉄における路線名は東名高速線）は昭和44年（1969）6月10日に運行を開始した。同時に東名急行バスによる高速バスも開始している。

国鉄バスは名神ハイウェイバスでの実績を基に、バス車両の改良を行うとともに、等速運転・喚呼運転等でプロの操縦技術に磨きをかけ、安定した運行を行い、また、座席予約も開始され、スタートから利用は好調で、「高速バス輸送の基礎」が形成された。

しかし、その後、利用者の減少を招き、東名急行バスが昭和50年に撤退したことが示すように、名神ハイウェイバスと同様、高速バスが新幹線並行区間で、シェアを確保していく難しさが顕在化していった。

東名高速道路と路線バス免許の取得

東名高速道路（「国土開発幹線自動車道建設法」の名称は第一東海自動車道、以下、東名道）は東京ＩＣ（東京都世田谷区）～小牧ＩＣ（愛知県小牧市）間３４６・７キロで、昭和44年（１９６９）５月に全線が開通した。建設当時、この沿線地域は我が国総人口の３割が集中し、国民総生産は全国の４割を占め、工業生産では実に全国の５割にも及び、まさに日本の中核であった。

したがって、人の移動も多く、すでに東海道新幹線は開業していたが、高速バスには「鉄道の補完」として、また新たな交通手段として、期待が寄せられていた。

この高速道は片側２車線、最高速度は一部を除き時速１００キロで、バス停（本線上及びＩＣ付近）が50カ所予定された。

東名ハイウェイバス路線図

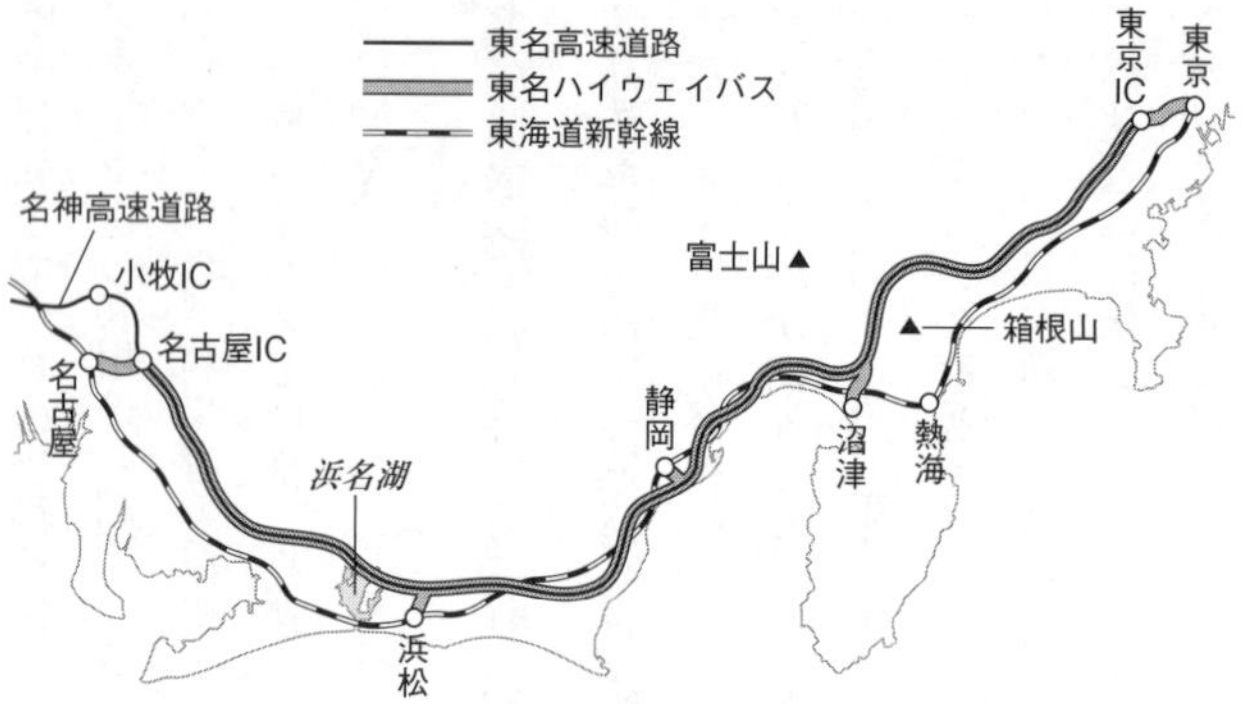

国鉄バスは、昭和39年10月開業の名神ハイウェイバスの3年にわたる実績・経験に加え、利用者の要望に応えるべく、最新の技術を取り入れた安全性の高いバスを使用して、安全・正確で快適な輸送サービスを提供することとし、昭和42年9月、東名道での路線バス事業の免許申請を行った。

一方、民間バス業者は、高速バスの全国網への進出を目指した日本急行バスが、名神道の運行会社に改組されたことから、新たに東名道の運行会社として、沿線の既存バス会社12社の出資により設立された東名急行バス（株）が、渋谷（駅）～名古屋（名鉄バスセンター）間の申請をした。

これらの申請は運輸審議会に諮問され、その答申で、「申請区間の沿線は、わが国政治、経済、文化の中枢地帯であり、現在、この地域における幹線旅客輸送の大部分は、東海道新幹線及びその在来線による鉄道が担当しているが、その輸送需要は増加の一途をたどり、ために貨物輸送、通勤輸送等を担当している東海道在来線の線路容量は、おおむね限界に達し、輸送の弾力性が失われつつある。

所要時間及び運賃において、東海道線の急行列車並みの高速バスを運行して、鉄道による大量輸送とならんで、自動車による頻度の高い機動的輸送力を投入しようとするこれらの申請は、交通の利便増進に寄与するものであり、また既存交通機関からの転移と沿線開発に伴う新規誘発需要が相当期待できる」

とし、バスの特性を生かした新たな公共輸送に大きな期待を寄せられ申請が認められた。

20万キロ耐久走行試験と高速バス車両の確立

国鉄バスは、昭和39年（１９６４）からの名神ハイウェイバスでの経験（無事故）を基に、運輸省自動車局の支援も得て、昭和41年から安全性、耐久性をはじめとする性能の向上を目指し、新しいバスの開発を行った。開発にあたっては、バスメーカーとともに昭和42年9月から翌年5月に、名神道において史上空前ともいえる時速１００キロでの20万キロ（地球約5周分）の走行テストを実施し耐久性を確認した。

「東名用高速自動車について」と題した資料に次の記載がある。

「国鉄においては、名神高速道の開通に備えて、昭和36年から37年にかけて初めての高速バスを国鉄の負担で、いすゞ、三菱、日野の3社に試作させ、各種の試験を行った結果、所要出力として270馬力以上のものが必要であるとの結論に達したが、三菱、日野の2社がこれを満足するものを設計したので、現在、両社あわせて48両の車両により営業運転が行われている。

東名用車両としては、名神の実績にかんがみ、安全性と高速性能をさらに向上させ、メンテナンスフリーとし、無過給（著者注・ターボチャージャー等を用いない自然吸気）320馬力以上で、しかも30万キロノーオーバーホールを目標とした。

国鉄のこの意向を知ったメーカー4社（いすゞ、三菱、日野、日産ディーゼル〈現UDトラックス〉）は、かねてより本格的高速道用自動車の開発を計画していたところであり、今回は自らの負担で1両ずつ試作し、そのテストにつき国鉄の指導を求めてきた。国鉄としては、ユーザーの立場から自動車技術の発展に寄与する目的もあって、これを了承し、20万キロ耐久走行を含んだテストの方法を定めた。このテストは相当の日時と費用を要するものであるが、各社ともトラックを含めた将来の高速車両の開発ということで、欣然として参加し、昭和42年9月から43年5月にかけてテストを実施した」

この結果、高速での長距離（東名・名神道の通し運行）連続運転を考慮し、320PS以上の出力を目標としたエンジンについては、メーカー4社（いすゞ、三菱、日野、日産ディーゼル）のいずれも、その開発に成功した。日産ディーゼルは2サイクルディーゼル、他の3社は4サイクルディーゼルであった。

このエンジンにより、静止状態から発進して400メートル走行するのに要する時間は26〜28秒で、名神ハイウェイバスの約30秒に対し1割前後向上した。

また、高速における加速力（時速80キロから時速100キロに達するのに要する時間）も14〜17秒で、名神ハイウェイバスの約20秒に対し大幅な短縮となり、高速域における性能が向上した。

安全に関する装置も改良された。ブレーキ装置（主ブレーキ）として、いすゞはディスクブレーキ、他の3社は大型車で多く使用されていたドラムブレーキを採用し、高速からのブレーキに伴うフェード現象（摩擦熱の発生によるブレーキ力の低下）・ヒートクラック（摩擦熱によるブレーキ材の亀裂）等の防止を図る改良を行った。

また、主ブレーキに故障が発生した時に、自動的に後輪ブレーキを作動させることのできるマキシブレーキ（いすゞを除く）を装備した（45頁参照）。

名神ハイウェイバス（国鉄バス）ではタイヤパンクが1カ月平均1・9件発生していた。タイ

名神高速道路において約５カ月間にわたり、20万キロ高速走行テストを完遂した日野RA900P

ヤパンクは事故を誘発する可能性があり、特に、前輪のパンクはハンドルをとられて危険である。このため、釘踏みによる急激な空気漏れの防止に加え、パンク修理が比較的容易であることから、チューブレスタイヤを採用した。当時、チューブレスタイヤはフランス・ミシュラン製には高性能のものがあったが、国産メーカー育成のため、新たに開発し、実用化試験を行い採用した。

運転席周りの機器配置は国鉄バス専用の形式とし、車両メーカーにかかわらず統一した。計器盤（パネル）は警告ランプを中心として配置し、運転に直接不要な計器は極力省略して、錯誤（見間違い）による事故の防止とともに疲労軽減を図った。速度計は運転視界に入りやすい位置に配置し、速度計の針が真上を指した時が時速１００キロとなるよう設計した。

前面ガラスに大型２枚の安全ガラスを採用し、結露防止のための強力デフロスターを取り付けた。エンジンルームには火災報知器を取り付け、運転席から操作のできる遠隔消火装置を設置した。

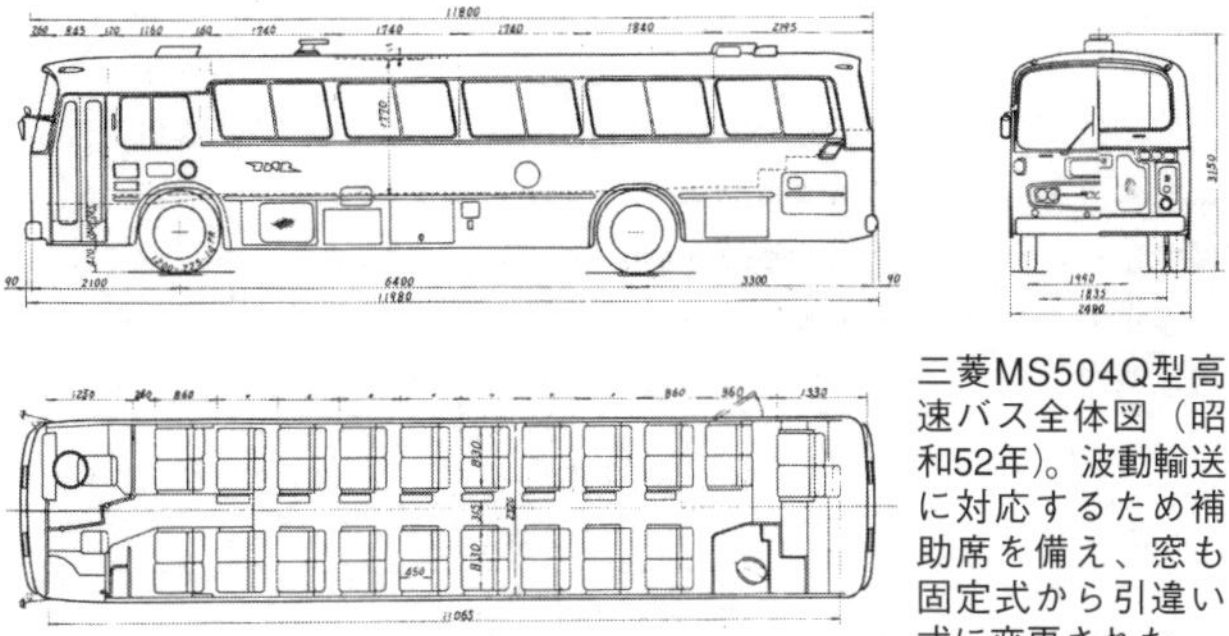

三菱MS504Q型高速バス全体図（昭和52年）。波動輸送に対応するため補助席を備え、窓も固定式から引違い式に変更された

ワンマン運転に対応するため、乗降口は自動折扉式とし、自動両替器等の機器も装備した。

窓は、柱に傾斜をつけた固定式傾斜窓を採用し、スピード感を持たせる斬新なデザインであった。

以上の仕様のバス（日野ＲＡ９００Ｐ＝30両、三菱Ｂ９０６Ｒ＝37両、いすゞＢＨ50Ｐ＝２両、日産ディーゼルＶ８ＲＡ１２０＝19両）を昭和44年の開業時に採用した。各社の採用両数は名神ハイウェイバスでの実績等が加味され、夜行便ドリーム号には日野、三菱が使用された。

そして、翌45年の「ドリーム号」用の新製車には乗客席にシートベルトを取り付けた。

昭和48年からの新製車には、前年11月の北陸トンネルの列車火災事故（トンネル内を走行中の急行「きたぐに」で火災が発生し、死者30名）を受け、床面及び腰（客室内の窓の下部）張り材に防火対策を施すとともに、シート及びカーテンには防炎

表9　東名ハイウェイバス車両の仕様　昭和44年（1969）開業時

<table>
<tr><th colspan="2"></th><th>日野
RA900P</th><th>三菱
B906R</th><th>いすゞ
BH50P</th><th>日産ディーゼル
V8RA120</th></tr>
<tr><td colspan="2">車両長さ mm</td><td>11,850</td><td>11,980</td><td>11,980</td><td>11,980</td></tr>
<tr><td colspan="2">総重量 kg</td><td>14,140</td><td>13,950</td><td>13,795</td><td>14,320</td></tr>
<tr><td colspan="2">乗客定員　人</td><td>40</td><td>40</td><td>40</td><td>40</td></tr>
<tr><td colspan="2">最高速度 km/h</td><td>130</td><td>140</td><td>130</td><td>140</td></tr>
<tr><td rowspan="4">エンジン</td><td>形式</td><td>DS140
水平対向
12気筒
4サイクル</td><td>12DC
V型12気筒
4サイクル</td><td>V170
V型8気筒
4サイクル</td><td>UDV8N
V型8気筒
2サイクル</td></tr>
<tr><td>排気量 cc</td><td>17,449</td><td>19,910</td><td>16,513</td><td>9,882</td></tr>
<tr><td>最高出力
PS/rpm</td><td>340/2,400</td><td>350/2,400</td><td>330/2,500</td><td>340/2,400</td></tr>
<tr><td>最大トルク
kg-m/rpm</td><td>110/1,600</td><td>120/1,200</td><td>105/1,400</td><td>126/1,400</td></tr>
<tr><td colspan="2">車体</td><td colspan="4">軽合金製モノコックボディー</td></tr>
<tr><td colspan="2">エンジン搭載箇所</td><td colspan="4">リア</td></tr>
<tr><td colspan="2">窓</td><td colspan="4">固定傾斜窓</td></tr>
<tr><td rowspan="3">ブレーキ</td><td rowspan="2">主</td><td colspan="2">エア
（ドラム式）</td><td>油圧
（ディスク式）</td><td>エア
（ドラム式）</td></tr>
<tr><td colspan="4">アンチスキッド付</td></tr>
<tr><td>補助</td><td colspan="3">エキゾースト</td><td>リターダー</td></tr>
<tr><td colspan="2">安全装置</td><td colspan="2">マキシブレーキ</td><td></td><td>マキシブレーキ</td></tr>
<tr><td colspan="2">パワーステアリング</td><td colspan="4">なし</td></tr>
<tr><td colspan="2">サスペンション</td><td colspan="4">エア</td></tr>
<tr><td colspan="2">タイヤ</td><td colspan="4">チューブレス</td></tr>
<tr><td colspan="2">冷暖房</td><td colspan="4">補助エンジン駆動式冷房・温気暖房</td></tr>
<tr><td colspan="2">その他</td><td colspan="4">温風デフロスター、自動車無線、トイレ、ワンマン機器</td></tr>
<tr><td colspan="2">車体製作会社</td><td>帝国
自動車工業</td><td>富士重工業</td><td>川崎
航空機工業</td><td>富士重工業</td></tr>
<tr><td colspan="2">製造両数</td><td>30</td><td>37</td><td>2</td><td>19</td></tr>
</table>

生地を使用した。

昭和52年に波動輸送に対応するため補助席（8席）を取り付け、乗客定員を48人に増やし、それまでの固定窓から開閉式引違い窓に変更した（32頁参照）。

養成訓練の厳しさと喚呼運転・等速運転

時速100キロで運行する高速バスの安全の確保と安定した運行（定時運行）のためには、運転手の役割が大きく、その養成にも万全を期していた。名神ハイウェイバスでの実績を踏まえ、運転手経験3年以上の中から選抜し、高速道で4週間、3000キロ以上の実地養成訓練をした。

訓練のテーマは事故防止のための喚呼運転（247頁参照）と定時運行のための時速100キロでの等速運転、加えてワンマン運転、ドリーム号のための深夜運行の習熟であった。

この当時のバスは、一般道で時速40キロ程度、長時間の連続運転はなく、停車（減速）・発車（加速）の繰り返しであり、運転手にとって、この養成訓練は厳しいものであった。

名神ハイウェイバスでは、開業時（昭和39年〈1964〉10月）の最高速度は時速80キロで、翌年9月に時速100キロに向上したこともあり、時速100キロでの等速運転の技量が磨かれ世間の注目を浴びていた。運転席の速度計を覗き込んだ乗客からは「針が100キロのところでぴたりと止まり動かない」との感嘆の声が聞こえたという。また、当時の乗用車の性能は低いものが多く、新しく開発された性能の高い高速バスが、上り坂で乗用車を追い越していくことがしばしばあったようだ。追い越された乗用車の運転手はバスが速度オーバーしていると思い、自車の速度計を見ると時速100キロを下回っており、「等速での連続運転の技量の高さはまさにプロだ」と感じたという。

『国鉄自動車四十年の歩み』（自動車交通弘報社）に、開業時の自動車局畑川耕一局長は次のような感想を述べている。

「安全なハイウェイバスとしても好評を博している。この裏には従業員の涙ぐましいまでの努力がある。養成訓練の過程をみていると、それがよくわかる。今までの日本人感覚では、時速100キロ運転ということは大変なことである。たいていの運転手が、まず80キロの訓練で音をあげ、自信を喪失する。その厳しい訓練を経て、ようやく一人前になってからも、100キロ等速運転と国鉄ハイウェイバスの看板となった喚呼運転の励行、某新聞社の調査によると、東京—沼津間の片道運行に、喚呼回数は400を超えたという。その積み重ねが、利用者から絶対の信頼となっている。私はどこまでも胸をはって『うちのハイウェイバスの従業員は大丈夫です』といっている」

東京～沼津間の所要時間は2時間20分であり、1分間に3回弱の喚呼を行うよう、喚呼事項をきめ細かく指定し、喚呼運転を徹底していたことが窺い知れる。

東名ハイウェイバスの運行は「急行列車の代替」だった

東京のターミナルは国鉄の象徴である東京駅の八重洲南口とし、名古屋はすでに開業していた名神ハイウェイバスと同じ名古屋駅前とした。中間の沼津、静岡、浜松といった地域の中心都市の駅にも乗り入れた。

昭和43年（１９６８）当時、東海道本線では昼行の急行列車が中小都市間の輸送を担っていたが、この輸送を補完（代替）すべく、運行計画（所要時間、運行本数、停車箇所等）を立てた。

昭和44年の開業時には昼行便として、東京～名古屋間に特急（途中バス停14カ所に停車、所要時間5時間20分）4往復、急行（途中29カ所に停車、所要時間5時間40分）13往復とした。急行列車の所要時間は5時間8～27分であり、ハイウェイバスは急行列車並みのスピードを実現した。なお、運賃は１６００円として急行列車より２００円ほど安く普通列車並みとし、マルスによる座席予約を行った。

また、快速（全バス停に停車）として、東京～浜松間に6往復、東京～静岡間に8往復、東京

～沼津間に8往復等26往復を運行し、合計43往復とした。

東名急行バスは、東京・渋谷駅と名古屋・名鉄バスセンターを主要ターミナルとし、47往復を運行し、両社を合わせると90往復であった。

『国鉄自動車五十年史』の輸送実績によれば、国鉄バスの開業翌年度の昭和45年度の輸送人員は138万7000人と、名神ハイウェイバスの開業翌年度（昭和40年度）62万人の2倍以上という好調なスタートとなった。

これについて『国鉄自動車五十年史』では、
①東名高速線の開通までは日本には長距離の本格的なハイウェイ自体がなく、東名高速道の全通により、ハイウェイ時代が来るんだというムードが全国的に盛り上がったこと
②東京～名古屋間が日本の中枢地帯であったこと
③運行する車両が安全性のすぐれた高性能車両であったこと
④東京～名古屋駅等全線にわたり主要鉄道駅に直接乗り入れていたこと
⑤名神が4カ年無事故であり、国鉄バスに高速道運転の信用があったこと
等と分析している。このため、昭和45年3月に48往復、昭和46年には特急9往復、急行18往復、快速26往復の合計53往復に増便した。

東名ハイウェイバス開業式（昭和44年6月10日、名古屋）

その後も好調を持続し、開業から5年後の昭和49年度では輸送人員１５４万５０００人（対昭和45年度１１１％）となったが、平均乗車距離は１５６キロ（対昭和45年度79％）と短くなった。

始終着間の直通利用（長距離利用）の減少、途中バス停を利用する短距離利用の増加を示している。

長距離利用の減少は新幹線の増強（昭和47年に「ひかり」４本／時・「ひかり」自由席設置）の影響等が理由に挙げられるが、途中バス停利用の増加は高速バスが沿線住民の新しい交通手段になっていることを示し、『国鉄自動車五十年史』では、

①高速道路を運行することにより新規の需要を開拓できた

②輸送量の特に増加している地帯が新幹線利用の不便な箇所（例えば東名富士）である点からみ

東名ハイウェイバス切符売り場（昭和44年7月、東京駅八重洲南口）

表10　東名ハイウェイバス輸送実績　（昭和44年度～昭和54年度）

年度	運行本数・往復（年度末）					輸送人員		平均乗車距離	
	東京～名古屋	東京～浜松	東京～静岡	その他	計	千人	昭和45年度比 %	km	昭和45年度比 %
昭和44年	20	6	10	12	48				
昭和45年	20	6	10	12	48	1,387	100	196	100
昭和46年	20	7	12	14	53	1,448	104	185	94
昭和47年	20	7	12	14	53	1,669	120	172	87
昭和48年	20	7	13	14	54	1,590	115	154	78
昭和49年	20	7	13	14	54	1,545	111	156	79
昭和50年	14	7	30	21	72	1,948	140	128	65
昭和51年	14	7	30	21	72	2,123	153	121	62
昭和52年	14	7	30	21	72	2,232	161	122	62
昭和53年	14	5	15	22	56	2,024	146	121	62
昭和54年	14	5	15	22	56	1,875	135	123	63

（出典：『国鉄自動車五十年史』）

て、列車の補完的な役割を果たしていると結論づけている。

さらに、昭和50年3月末で東名急行バスが撤退したため、10月から72往復に増便。途中バス停からの利用が増加したことから、急行は各バス停に停車し52往復とした。この結果、合計72往復のうち71％が各停であり、特急の停車回数も増加し、途中バス停重視のダイヤとなった。

昭和50年度の輸送人員は194万8000人（対前年126％）と大きく増加したが、平均乗車距離は128キロ（対前年82％）とさらに短くなった。撤退した東名急行バスからの転移者が短距離利用であったためと考えられる。

その後の東名ハイウェイバスの運行

昭和50年（1975）3月末で東名急行バスが撤退したため、同年10月から72往復に増便したことから、昭和51年度の輸送人員は212万3000人（対昭和50年度109％）となり、昭和52年度は223万2000人（同115％）と増加した。

しかし、翌年から利用者は減少に転じ、昭和54年度の輸送人員は187万5000人と、東名急行バス撤退後の昭和50年度を下回り、対昭和50年度96％となった。

御殿場IC付近を走る東名ハイウェイバス

この頃から長距離利用に加え、途中バス停利用も減少傾向（推定）となり現在まで続いている。名神ハイウェイバスの名古屋〜京都便の急行は、途中バス停利用の減少から、昭和62年の19・5往復を平成7年には8往復に減便（その後平成14年に急行廃止）しており、途中バス停利用の減少ということでは同様な傾向である。

これは、名神道と同様に、東名道沿線で自家用乗用車の普及が速いペースで進んでいったことや、鉄道の東海道本線（在来線）のダイヤが充実したことも要因と考えられる。また、平成17年頃から富士や沼津市内から東京への直行便の運行が開始されたことも影響している。

長距離利用の減少（近年、直行・新東名スーパーライナー号等の登場でやや持ち直しているが）は、

表11　東名ハイウェイバス運行ダイヤの変遷

年	種別	東京～名古屋			東京～浜松			東京～静岡			その他	合計	各停
		所要時間 時間　分	停車 回数	本数 往復	所要時間 時間　分	停車 回数	本数 往復	所要時間 時間　分	停車 回数	本数 往復	本数 往復	本数 往復	タイプ 比例
昭和44年(1969)6月	特急	5 20	14	4								4	
	急行	5 40	29	13								13	
	快速				4 20	31	6	3 20	22	8	12	26	60%
	計			17			6			8	12	43	
昭和50年(1975)10月	特急	6 1	31	14				3 1	14	6		20	
	急行				4 25	34	7	3 12	25	24	21	52	71%
	計			14			7			30	21	72	
昭和53年(1978)10月	特急	6 4	31	14								14	
	急行				4 25	34	5	3 12	25	25	12	42	71%
	計			14			5			25	12	56	
昭和61年(1986)11月	特急	6 14	39	16				3 26	14	8		24	
	急行				4 30	36	3	3 32	27	21	7	31	56%
	計			16			3			29	7	55	
平成17年(2005)3月	超特急	5 10	2~3	4								4	
	超特急	5 28	10	8								8	
	特急				4 8	15	6	2 54	8	4.5	1	11.5	
	急行							3 6	25	15.5	9.5	25	52%
	計			12			6			20	10.5	48.5	
平成27年(2015)3月	直行	5 0	0	9	3 57	1	1	2 45	2	1		11	
	直行*	5 52	1	1								1	
	超特急	5 52	24	9	4 2	7	1	2 48	4	2		12	
	特急				4 13	22	3					3	
	急行							3 7	25	4	1	5	16%
	計			19			5			7	1	32	

注「直行＊」は新宿経由

新幹線で「ひかり」の増発、静岡・浜松停車、「のぞみ」の営業開始・増発、スピードアップ等が行われ、ダイヤが著しく充実したことが理由として挙げられる。

東京〜名古屋間は「のぞみ」で約1時間40分（バスは5時間00分）、静岡・浜松には「ひかり」が1時間ごとに停車し、東京〜静岡間は1時間02分（バスは2時間45分）である。

このように、背景は名神ハイウェイバスと類似し、新幹線並行路線における都市間輸送の難しさを示している。現在（平成27年〈2015〉4月）の運行本数は直行・超特急を主体に32往復で、東名急行バス撤退後（昭和50年）の72往復に対し4割強である。

ドリーム号

国鉄バス（現ジェイアールバス関東・ジェイアール東海バス・西日本ジェイアールバス）は昭和44年（1969）6月の東名ハイウェイバスの運行開始と同時に、東名・名神道を直通する夜行高速バス「ドリーム号」の運行を開始した。

「行先地に、より早い時刻に到着、行先地を、より遅い時刻に出発」のニーズは高く、昭和45年には大阪で万国博覧会の開催があったこともあり、爆発的人気となったが、画一的な運行を続けたことから、その後、いったん利用が減少した。

しかし、平成に入り（1989〜）、輸送サービスを向上させ、「快適（＝高級便）、安い（＝格安便）、便利（＝運行時間帯・運行本数・発着地を利用者ニーズに合わせる）」等を進化させることで復活し、夜行便が高速バスの得意分野であることを立証した。

夜行列車では対応できない利用者ニーズにマッチ

東京駅、大阪駅では、通勤時間帯（朝7〜9時）は通勤列車の運行を優先しており、夜行列車をニーズにマッチした時刻に設定するには制約があった。

このため、東名ハイウェイバス開業と同時に、鉄道の夜行輸送を「補完」する、東京〜京都・大阪間の夜行高速バスを、最もニーズにマッチした時刻に運行することとした。

東京〜大阪便は2往復で、東京を22時30分・23時00分に発車し、大阪に翌朝7時30分・8時00分に到着、大阪を23時00分・23時40分に発車し、東京に8時00分・8時40分に到着するダイヤとした。

東京〜京都便は、東京を23時40分に発車し、京都に8時40分に到着、京都を22時00分に発車し、東京に7時00分に到着、さらに途中名古屋に停車した。

これらのドリーム号には、運行本数を最少限とし、多客期に続行便を多数運行する体制を整えた。運行本数を多く設定（運行時刻を公表）すると、利用者にとって選択の幅が広がる利点はあるが、予約が少なくても必ず運行しなければならず、非効率な運行が生ずる場合がある。予約状況に応じ続行便を運行する場合は、必要とする両数のみを運行すればよく、効率的な運行となる。

運賃は急行列車より安い、東京～大阪間２４００円（急行列車は２５３０円）、東京～京都間２２５０円（同２４５０円）とし、マルス（指定券予約システム）による予約販売を行った。

東京駅八重洲南口で乗客を待つ「ドリーム号」（昭和53年11月）

バス車両は新たに開発した「日野ＲＡ９００Ｐ」「三菱Ｂ９０６Ｒ」で、自動車用として最大の３４０～３５０ＰＳエンジンを搭載し、リクライニングシート、冷暖房、トイレを装備するとともに、窓の柱に傾斜をつけスピード感を持たせる斬新なデザインであった。

また、愛称名は、それまでの列車愛称名と異なり、新しい時代の到来を印象付ける英語

「ドリーム」とした。

昭和44年12月には東京～名古屋便（所要時間6時間20分）の運行を開始した。

果たしてドリーム号は運行開始から爆発的な人気を博した。また、昭和45年3～9月には万国博覧会が大阪府吹田市で開催され、東京からも多くの観光客が押し寄せた。ドリーム号もこの観光客輸送の一翼を担い、多くの続行便・臨時便を運行した。

ドリーム号の人気と凋落

ドリーム号の人気を伝えるものとして、開業時の指揮をとった国鉄関東地方自動車局海沼武彦局長は『自動車交通弘報』（平成6年〈1994〉6月22日）のインタビューで次のように述べている。

「私が局長をやっていて、東京駅で朝晩見ていますと、お客さんがずらっと並んでいてキャンセル待ちをしているんですよ。夜のドリーム号などは、お客さんがあふれている。それを見ると車があれば出したいですよ。

特にひどかったのが、例の大阪万博、あの当時ドリーム号を24～25両出したのを覚えています。若い人が夜のドリーム号で出て朝着いて、昼は見物して夜はドリーム号で帰ってくるわけですよ。

あの当時、東京駅で見ていますと、東京駅へどんどんひっきりなしにドリーム号が入って来るあの光景は未だに異様だったですね。

東京駅の連中に羨ましがられましたよ。レールのお客さんをみんなバスに持っていかれるんじゃないかと冗談を言われた」

『国鉄自動車五十年史』の輸送実績によれば、昭和45年度には、1便あたり平均2両以上の続行便を運行し、38万5000人／年、1055人／日の利用となった。

利用が好調なことから、昭和46年4月には東京～三ノ宮・神戸便の運行を開始した。3路線計で昭和46年度は47万5000人、昭和47年度は47万3000人と好調に推移したが、その後減少に転じ、昭和49年度には34万5000人になった。

利用の少ない東京～三ノ宮・神戸便を昭和52年

表12「ドリーム号」輸送実績　（昭和44年度～昭和54年度）

年度	運行本数・往復（年度末）					輸送人員	
	東京～大阪	東京～京都	東京～名古屋	東京～神戸	計	千人	昭和45年度比 %
昭和44年	2	1	1	—	4	—	—
昭和45年	2	1	1	—	4	385	100
昭和46年	2	1	1	1	5	475	123
昭和47年	2	1	1	1	5	473	123
昭和48年	2	1	1	1	5	384	100
昭和49年	2	1	1	1	5	345	90
昭和50年	2	1	1	1	5	289	75
昭和51年	2	1	1	1	5	283	74
昭和52年	2	1	1	—	4	336	87
昭和53年	1	1	1	—	3	287	75
昭和54年	1	1	1	—	3	215	56

注　昭和52年度は「ドリーム号利用促進キャンペーン」を実施
（出典『国鉄自動車五十年史』）

運転手用起床装置制御盤（名古屋自動車営業所静岡派出所）。ドリーム号の運転手交替は深夜となるため、仮眠室を設け、起床装置を設置していた

3月末で廃止し、昭和53年10月には東京～大阪間を1往復に減便、合計3往復とし、昭和54年度の利用は21万5000人と、ピーク時（昭和46年）の45％まで落ち込んだ。その後、国鉄の経営悪化・投資抑制から打つ手が少なく、昭和62年4月のJRへの移行を迎えることになった。

なお、ドリーム号は運転手1人のワンマン運転で、鉄道で広く行われている乗務員の乗り継ぎ方式を採用し、途中、静岡、名古屋で乗り継ぎを行った。

高級志向に合わせ「さらなる快適さ」を提供

バブル景気（昭和61年〈1986〉～平成3年〈1991〉）を迎え、利用者の高級志向（快適さの向上）が強まった。東京～京都、大阪便では、平成元年3月、それまでの4列座席（2人掛け＋2人掛け、ドリーム号開業時はシートピッチ830ミリ・シート幅430ミリ・全40席）から、3列座席（独立座席、シートピッチ950ミリ・シート幅465ミリ、全29席）の新車への置き替えに着手し、平成2年3月に完了した。

そして、平成3年には3列座席化による定員減（収入減）を補うため、2階建てバス（ダブルデッカー車、全38席）を導入した。

ツアーバス（167頁参照）の格安戦略との差別化を図るため、平成18年4月に「プレミアムドリーム号」の運行を開始した。

格安バスとの差別化を図った「プレミアムドリーム号」

プレミアムドリーム号はダブルデッカー車を用い、1階には航空機のビジネスクラスを参考にした超豪華なプレミアムシートを2列4席配置した。このシートは、ドリーム号のシートピッチ・シート幅が950ミリ・465ミリであったのに対し、1300ミリ・595ミリに拡大し、レッグレスト・フットレスト・テレビ付きとした。

2階には新たに開発したクレイドルシートを3列（2席＋1席）24席配置した。このシートは、シートピッチ・シート幅は1163ミリ・495ミリ、座席をリクライニングした（倒した）時に座面の前方部分が上昇（チルド機構）し、腰部の前方

「プレミアムドリーム号」(関西便)に配置されるプレミアムシートは幅広シートとフルセグ対応TVを装備

へのズレを防ぐ「クレイドル（ゆりかご）」機能を有し、より快適な座り心地を追求したシートである。

運賃はドリーム号（3列座席）8610円に対し、プレミアムシート9910円、クレイドルシート8910円とした。

なお、中央自動車道（以下、中央道）経由の「中央ドリーム号」は運行本数が少ないため、1便で多様なニーズに応えられるように、1階に4列10席、2階に2列4席と3列20席の、3タイプのシートを1台のバスに搭載した「プレミアム中央エコドリーム号」の運行を平成25年2月に開始した。

平成26年10月には、ドリーム号をリニューアルした「グランドリーム号」の運行を開始。ハイデッカーを使用し、シートピッチ945〜970ミリ、シート幅465ミリ（クレイドル機能付き）3列28席で、Wi-Fi設備、充電用コンセント、プライベートカーテン、空気清浄機を備え、運賃は8000〜9800円（平成27年4月現在、運行日等により異なる）である（ドリーム号は7400〜9200円）。

ツアーバスに対抗するリーズナブルな設定

バブル景気崩壊後、景気が後退し、デフレとなり、若年層を中心として、格安へのニーズが高まっていった。

また、乗合（路線）バスの需給調整規制（165頁参照）が平成14年2月に撤廃されることから、東京〜大阪間という大きな潜在需要のある路線への新規参入が想定された。

このため、平成13年12月、2階建てバスの全ての座席を4列とし、1階に10席、2階に42席、計52席の「青春ドリーム号」（東京〜大阪間）の運行を開始した。運賃は5000円（3列座席の「ドリーム号」は8610円）と格安に設定した。

ツアーバス（167頁参照）は、平成15年頃から格安をセールスポイントに、東京〜大阪間で運行が本格化し、平成17年の国土交通省の事務連絡で違法性がないと追認されたことから、ますます拡大することが想定された。

この「格安」に対抗するため、平成17年11月、一般的な貸切バス車両（4列45席＋補助席10席、トイレなし）を使用した「超得割青春号」を、若年層利用の多い新宿〜大阪間で運行開始した。運賃は4200円、補助席は当日のみの販売で2100円と、ツアーバス並みに設定した。

総重量が25トンもあった「青春メガドリーム号」(ドイツ・ネオプラン社)はその重量を支えるため前後輪とも2軸だった

平成18年6月には、東京〜つくばセンター間（このバス路線は鉄道「つくばエクスプレス」が平成17年8月に開業したことで路線縮小）で使用していた、ドイツ・ネオプラン社製の超特大車（長さ14・99メートル、幅2・49メートル、高さ3・79メートル、2階建てバスで1階4列18席、2階4列66席計84席）4両を使用して、「青春メガドリーム号」（東京〜大阪間）2往復の運行を開始した。運賃は4300円とした上で、乗車の前日までに購入すれば閑散期3500円、繁忙期4000円の早期購入割引（早売）を取り入れた。

このバスは平成20年5月、同21年3月に車両火災が発生したため、以降の運行を中止し、同年9月に、青春ドリーム号よりシートピッチを約60ミリ狭め、790〜815ミリの「青春エコドリーム号」（2階建てバス4列座席、1階8席、2階48席、計（→120頁へ続く）

平成元年（1989） JRの 最初の形式	平成21年（2009） 現在使用中	平成26年（2014） 現在使用中	[参考] 平成26年（2014） （メーカーカタログ）
三菱 P-MS729SA改 スーパーハイデッカー 3列座席	三菱 BKG-MU66JS ダブルデッカー 4列座席	いすゞ RU1ASCJ ハイデッカー 3列座席	いすゞ RU1ESBJ スーパーハイデッカー 3列座席
29	1F・8+2F・48＝56	28	29
ドリーム	青春エコドリーム	グランドリーム	－
11,940 2,490 3,565	11,990 2,500 3,780	11,990 2,490 3,500	11,990 2,490 3,750
15,795	19,760	15,160	15,565
8DC11 （V型8気筒）	6M70 （直列6気筒）	A09C （直列6気筒）	E13C （直列6気筒）
17,730	12,880	8,866	12,913
355/2,200	420/2,000	360/1,800	450/1,700
155/1,200	185/1,100	160/1,100	200/1,100
スケルトン	スケルトン 後輪2軸	スケルトン	スケルトン
リヤ	リヤ	リヤ	リヤ
固定	固定	固定	固定
エア（ドラム式） アンチスキッド付	エア（ドラム式）・ アンチスキッド付	エア（ドラム式）・ アンチスキッド付	エア（ドラム式）・ アンチスキッド付
エキゾースト	エンジンリターダー 永久磁石リターダー	エンジンリターダー 永久磁石リターダー	エンジンリターダー 永久磁石リターダー
あり	あり（速度感応型）	あり（速度感応型）	あり（速度感応型）
エア	エア	エア	エア
チューブレス	チューブレス	チューブレス	チューブレス
補助エンジン 駆動式フルオートエアコン	補助エンジン 駆動式フルオートエアコン	主エンジン直結式 フルオートエアコン	主エンジン直結式 フルオートエアコン
あり	あり（1F中央部）	あり（中央部床下）	あり（中央部床下）
－	デジタルタコグラフ 車載カメラ エンジンルーム自動 消火装置（噴霧式） バスジャック対応機器	車線逸脱警報 車間距離警報 衝突被害軽減ブレーキ 車両ふらつき警報 車両安定性御　等	車線逸脱警報 車間距離警報 衝突被害軽減ブレーキ 車両ふらつき警報 車両安定性御　等
－	－	4.95　注2	4.50　注2

注２　国土交通省審査値

表13　「ドリーム号」車両の進化

製造年		[参考] 昭和39年（1964） 名神ハイウエイ バス開業時	昭和44年（1969） ドリーム号 運行開始時	昭和62年（1987） 国鉄バスの 最後の形式
形式		三菱 MAR820改 ハイデッカー 4列座席	三菱 B906R ハイデッカー 4列座席	三菱 P-MU525TA スーパーハイデッカー 4列座席
乗客定員　人		40	40	36
使用便名		名神昼行便	ドリーム	ドリーム
車両	長さ 幅 高さ	11,250 — —	11,980 — —	11,940 2,490 3,560
総重量　kg		12,345	13,950	17,885
エンジン	形式	8DB2 （V型8気筒ターボ付）	12DC （V型12気筒）	8DC9 （V型8気筒）
	排気量 cc	11,404	19,910	16,031
	最高出力 PS/rpm	290/2,300	350/2,400	380/2,200
	最大トルク kg-m/rpm	98/1,600	120/1,200	137/1,400
ボディー		流線型軽合金 モノコック	軽合金 モノコック	スケルトン 後輪2軸
エンジン搭載箇所		リヤ	リヤ	リヤ
窓		上部開閉 下部固定	固定 傾斜窓	固定
ブレーキ	主	エア（ドラム式）	エア（ドラム式）・ アンチスキッド付	エア（ドラム式）・ アンチスキッド付
	補助	エキゾースト	エキゾースト	エキゾースト
パワーステアリング		なし	なし	あり
サスペンション		エア	エア	エア
タイヤ		ノーマル	チューブレス	チューブレス
冷暖房		主エンジン直結 駆動式冷房・温水暖房	補助エンジン 駆動式冷房・温気暖房	補助エンジン 駆動式冷房・温気暖房
トイレ		なし	あり（後部）	あり
安全装置 （主な新開発等の装置）		タコグラフ	マキシブレーキ エンジンルーム 自動消火装置 シートベルト （昭和45年製より）	—
燃料消費量 km/L		3.15　注1	—	—

注1　20万キロ走行テスト（昭和42年9月～43年5月の実測値、車両形式は異なる）

56席）の運行を開始し、運賃は青春メガドリーム号と同額とした。

利用者ニーズに合わせた発着地の多様化

昭和62年（１９８７）にはドリーム号の東京の発着地は1カ所（東京駅前）、関西は2カ所（京都駅前、大阪駅前）であった。ドリーム号を利用する場合、一般的には最初の出発地（例えば自宅）から、何らかの手段（アクセス）を用いて、バスの発地に行って乗車し、着地で降車の後、アクセスを利用し最終目的地に到着する。発着地を多様化すれば、このアクセスの負担を軽減またはなくし、出発地から目的地まで直通（乗り換えなし）することのできる利用者の割合を増やすことができる。

また、ドリーム号は設定本数（時刻表に掲載する便）を最少限に抑え、多客時に続行便を運行するという効率性を重視した運行形態であったが、増便も積極的に行い、発着時間帯を広げるとともに発着地の多様化を行い、「便利」にした。

昭和63年10月には「ドリーム奈良号」（東京〜京都・奈良間）の運行を開始した。続いて、平成元年（１９８９）3月に「ドリーム神戸号」（東京〜神戸間）、同年10月に「ドリーム堺号」（東京〜大阪府堺市間）、12月に「ドリームなんば号」（東京〜大阪市中央区難波間）及び「ニュードリーム大阪号」（中央道経由の新宿〜大阪間）の運行を開始した。

観光施設への発着地拡大として、平成元年12月には東京ディズニーランドに、平成13年３月のユニバーサル・スタジオ・ジャパン開業時に、「ドリーム大阪号」等を乗り入れた。

さらに、平成15年12月に「京阪神ドリームさいたま号」（大宮・所沢・立川〜京都・大阪・三宮間）、平成20年４月に「びわこドリーム号」（大宮・池袋・横浜〜彦根・草津・大津・京都間）の運行を開始し、発着地を拡大した（ＪＲ系以外のバス会社との共同運行）。

この結果、現在、関東では東京都、埼玉・千葉・神奈川県、関西では２府４県の主要都市で発着している。

東京〜名古屋便でも増便が行われ、発着地が岐阜・春日井・豊田・安城等に拡大している。

女性利用者への配慮も

ドリーム号は深夜に車内の照度を落としているが、その中でも女性が安心・快適に乗車できるよう、平成12年（２０００）、ニュードリーム号に女性専用席「レディースシート」を設けた。この頃、ツアーバスは予約（旅行業商品の購入）時には座席を指定せず、乗車時に男女を振り分けることで、女性専用席としていたが、ドリーム号は乗車券の予約時に「レディースシート」を指定できるようにした。

さらに、平成15年7月に女性専用車「レディースドリーム大阪号」（東京〜大阪間）の運行を開始。この運行にあたっては、「性別による乗車チャンスに差が出るのは好ましくない」（運輸局）という指導もあり、同一時刻でドリーム号の運行を行っていたこともある（現在ではこの運行方法は採っていない）。

現在は、東京〜名古屋間にも「レディースドリームなごや号」が運行されている。

増便による便利なダイヤ

関東〜関西間のドリーム号は昭和62年（1987）のJR移行時には2往復であったが、発着時間・発着地の多様化、高級・格安志向への対応等で増便し、平成13年（2001）に20往復、平成21年には35往復となった。しかし、ツアーバスの台頭もあり、平成23年には29往復に減便している。

そして、現在（平成27年4月）はプレミアムドリーム号6往復、グランドリーム号・ドリーム号8往復、青春エコドリーム号11往復、計25往復（金・土・休日運転を含む）で、高級・標準・格安の3タイプに配分し、多様なニーズに対応した運行を行っている。

多くの本数を運行していることから、発着時間帯も幅広く、東京駅発は21時00分〜23時50分で大阪駅着6時10分～8時39分、大阪駅発は21時30分～23時50分で東京駅着6時34分～9時23分とし、その多くは新幹線の最終便発車（東京駅21時23分、新大阪駅21時23分）後に発車し、その多くは翌日の新幹線始発便の到着（東京着8時23分、新大阪着8時22分）前に到着する、便利なダイヤとなっている。

東京～名古屋間はドリーム号7往復、青春ドリーム号3往復、計10往復が運行され、東京駅発は23時台、名古屋駅着は6・7時台で、名古屋発も同様である。

表14 「ドリーム号」運行本数　（関東～関西間）

年度	プレミアムドリーム	グランドリーム	ドリーム	青春ドリーム	計
昭和44年	ー	ー	3	ー	3
昭和46年	ー	ー	4	ー	4
昭和53年	ー	ー	2	ー	2
昭和63年	ー	ー	9	ー	9
平成10年	ー	ー	14	ー	14
平成13年	ー	ー	18	2	20
平成15年	ー	ー	19	5	24
平成18年	1	ー	19	7	27
平成21年	2	ー	19	14	35
平成23年	6	ー	9	14	29
平成27年	6	4	4	11	25

注　プレミアムドリームにはプレミアムエコドリームを含む
　　青春ドリームには青春メガドリーム、青春エコドリームを含む
　　金・土・休日運行を含む

自由度が増した運賃＆販売システム

ドリーム号の運賃（運行にかかる原価に一定の加算をする「総括原価方式」で算出し、国の認可が必要）は、国鉄バスからＪＲへの移行時の昭和62年（１９８７）には、東京～大阪間４列座席で８２００円（運賃６７００円＋座席指定料金１５００円、

平成2年〈1990〉6月に運賃に一本化）であった。その後、3列座席となっても同額で、以降平成14年までは、消費税の賦課以外の改定は行っていなかった（平成元年の消費税3％で8450円、平成9年の同5％で8610円）。

高速バスの運賃制度（国土交通省）は、平成14年9月の需給調整規制撤廃（165頁参照）に合わせ、運賃の規制も緩和（認可制から上限認可制、実際に適用する運賃は事前届け出）され、その後もさらに緩和があり、それまでの同一区間・同一運賃（例えば、座席グレードが異なっても同額）の原則から自由度が増した。

その制度を利用し、青春メガドリーム号やプレミアムドリーム号のプレミアムシートの運賃設定を行うとともに、ネット割（乗車券のインターネット購入割引）、早期購入割引（早売＝乗車日の指定日数前までに購入）を平成18年4月に、閑散日割引を平成20年7月に開始した。

現在（平成27年4月）の東京〜大阪間の運賃（ネット割、早売は含まず）は、

プレミアムドリーム（2列座席）1万円（閑散日）〜1万3300円（繁忙日）
グランドリーム（3列座席）8000〜9800円
ドリーム（3列座席）7400〜9200円
青春エコドリーム（4列座席）5000〜6700円

である。

昭和62年のＪＲ発足時のドリーム号は4列座席が８２００円であり、これと比較すると消費税を含んでも大きくダウンし、ネット割・早売もあることから「安い」が大きく進化している。新幹線（東京〜大阪間）は1万４４５０円（通常期、のぞみ普通車指定席）、航空機（空港アクセス運賃を含む）は2万６４９０円（通常期）であり、それに比べると、高速バスがいかに安い移動手段であるかがわかる。

さて、そのドリーム号の乗車券（指定席券）の販売は、昭和44年の運行開始時から、マルスを使用し、駅・旅行会社等の「みどりの窓口」で行っていたが、販売網を拡大するため、平成14年より「発車オ〜ライネット」の利用を開始した。このシステムは（株）三共システム工房（現株式会社工房）が開発した「高速路線バス乗車券販売システム」で、コンビニエンスストアに設置した端末で販売が行えるほか、インターネット予約等の機能がある。

さらに、ツアーバスが平成15年頃から東京〜京阪神間でインターネットを利用した販売、販売状況に応じた価格変動等を駆使し、急速に拡大してきた。これに対抗するため、ドリーム号の販売網のさらなる強化に向け、携帯電話・インターネット販売、決済機能の充実（クレジットカード決済、コンビニ・金融機関支払い）等を図るとともに、早期購入割引、閑散日割引、座席種別の多様化等に柔軟に対応することのできる、新たな販売システム「高速バスネット」を、運行3社と鉄道システム（株）で開発した。平成18年3月に使用を開始し、運賃制度の規制緩和で可能となった各種のサービスを積極的に行っている。

中国ハイウェイバス

中国自動車道を利用した国鉄バス（現西日本ジェイアールバス）と神姫《しんき》バスによる大阪～津山・落合、愛称名「中国ハイウェイバス」（国鉄における路線名は中国高速線）は昭和50年（1975）11月1日に運行を開始した。

名神・東名ハイウェイバスでは、昭和50年に東名急行バスが撤退しているように、この頃から、利用の減少に悩まされ、この路線は沿線人口が少ないことから利用者の確保に懸念があったが、年々利用者が増加し、「鉄道短絡路線」の強さを示している。

生活路線としてスタートした中国ハイウェイバス

中国自動車道（国土開発幹線自動車道建設法による法定路線名は中国縦貫自動車道、以下、中

中国ハイウェイバス路線図

国道）は吹田ＪＣＴ（ジャンクション、大阪府吹田市）から下関ＩＣ（山口県下関市）までの５３９・９キロで、兵庫県中部・中国地方中央部を東西に貫き、山間部を縫うように建設されているため、カーブや勾配が多く、吹田ＪＣＴから宝塚ＩＣ（16・６キロ）は最高時速１００キロであるが、以西は大半が最高時速80キロである。

昭和50年（１９７５）10月に吹田ＪＣＴ～落合ＩＣ間１８１・６キロが開通。多くは片側2車線である。

昭和50年3月に東名急行バスが撤退したように、この頃になると高速バスの事業性について、厳しい見方も出てきた。こうした背景の中、名神・東名ハイウェイバスで実績のある国鉄バスと、中国道の沿線で、一般路線バスを運行していた神姫バスが、大阪～津山・落合間の路線免許を申請し、認可された。

国鉄（鉄道）で大阪から兵庫県中央部・岡山県北部に行くには、大阪～（山陽本線）～姫路～（姫新線《きしん》）～佐用《さよ》・津山、大阪～（新幹線）～岡山～（津山線）～津山等のルートがあるが、迂回している。このため、国鉄バスにとっては「国鉄バス5原則」の「短絡」の使命での参入である。

沿線人口が少なく、沿線最大の都市・津山市でも人口が約10万人であることから、昭和50年11月開業時には、大阪～津山・落合間に国鉄バス6往復、神姫バス6往復、計12往復、全バス停に停車（一部の便が通過するバス停もあった）する急行の運行であった。鉄道が運行されていない地域の路線であるので、沿線全域で利用される生活路線としてスタートした。大阪～津山便は途中22カ所に停車し、所要時間は3時間10分であった。

なお、各バス停での一般路線バスとの接続に特に力を入れ、ハイウェイバス時刻表に接続バスの時刻を入れたことも特徴である。

カーブの多い中国道に合わせた車両の開発

中国道は最高時速80キロの区間が多く、カーブも多いことから、エンジン出力300PSで、ホイールベースが5・7メートルと短い「三菱B907NA」を採用した（東名ハイウェイバス開業時の三菱B906Rはエンジン出力350PS、ホイールベース6・4メートル）。

表15　中国ハイウェイバス車両の仕様　（昭和50年～昭和54年）

製造年		［参考］ 昭和39年（1964） （名神ハイウェイバス）	昭和50年（1975） 開業時	昭和54年（1979）
車種		三菱MAR820改 ハイデッカー	三菱B907NA ハイデッカー	三菱MS504Q ハイデッカー
車両　長さ×幅mm		11,250	11,330×2,450	11,980×2,490
ホイールベース mm		5,700	5,700	6,400
総重量　kg		12,345	14,510	不明
乗客定員　人		40	54（44+補助席10）	51（44+補助席7）
エンジン	形式	8DB2 （V型8気筒ターボ付）	8DC6 （V型8気筒）	10DC6 （V型10気筒）
	排気量cc	11,404	14,900	18,600
	最高出力 PS/rpm	290/2,300	300/2,500	350/2,400
	最大トルク kg-m/rpm	98/1,600	103/1,200	120/1,200
ボディー		モノコック （流線型軽合金）	モノコック （外板・鉄板）	モノコック （外板・一部軽合金）
エンジン搭載箇所		リヤ	リヤ	
客室窓		上部開閉下部固定	引違い式傾斜窓	
ブレーキ	主	エア（ドラム式）	エア（ドラム式） アンチスキッド付	
	補助	エキゾースト	エキゾースト	
パワーステアリング		なし	あり	
サスペンション		エア	エア	
タイヤ		ノーマル	チューブレス	
冷暖房		主エンジン 直結駆動式 冷房・温水暖房	補助エンジン駆動式冷房・温気暖房	
トイレ		なし	なし	
車体製作会社		富士重工業	富士重工業	富士重工業
製造両数		14	7	7

大阪駅に停車中の中国ハイウェイバス

中国ハイウェイバス出発式（昭和50年11月、大阪駅）

パワーステアリングについては、名神ハイウェイバス開業時、高速走行時のハンドル安定性が良くないことから採用を見送ってきたが、中国道は本線上のカーブが多いこと、及びインターチェンジに時速40キロの制限速度の急カーブが多いことから、ハンドル安定性・高速直進性に優れたタイプのパワーステアリングを、走行試験を経て装備した。

この路線においては、津山市の人口が少なく、大阪～津山間の直通利用は多いと考えられないこと、鉄道と並行しておらず地域の足としての利用が見込まれ、平均乗車距離は短くなると考えられることから、トイレは設置せず、乗客定員は正座席44名、補助席10名とした。

エンジン出力３００ＰＳでは、多客時の乗客重量に対し、勾配（進行１メートルあたり50ミリ上下する急勾配が多い）区間において、余裕のある運転ができないことから、昭和54年の新製車から、東名ハイウェイバスで昭和52年から使用していた、エンジン出力３５０ＰＳ、ホイールベース６・４メートルの「三菱ＭＳ５０４Ｑ」に切り替えた。

生活路線から都市間輸送・生活路線併用へ

生活路線としてスタートしたこの路線は、利用が好調なことから順次増便し、生活路線としての機能を充実するとともに、鉄道短絡路線であることから、その強みを生かした都市間輸送を充実するため、特急（大阪〜津山間、7カ所停車、所要時間2時間50分〈急行列車は3時間20分〉）の運行を昭和56年（1981）に4往復（急行は大阪〜落合IC間含めて20往復で計24往復）で開始した。JRに移行する昭和62年には特急8往復（急行20往復で計28往復）であった。

大阪〜津山間の直通利用が多かったことから、平成8年（1996）には超特急（大阪〜津山間ノンストップ、所要時間2時間25分、愛称名「スーパーライナー津山」）4往復の運行を開始し、合計32往復の運行となった。

好調に推移したが、その後、沿線の過疎化が進み利用が減少に転じたため、平成21年に24往復（平日）に減便した。超特急は下り2本とした上で、ノンストップを途中3カ所停車に変更し、特急は9・5往復とした。急行のうち、9・5往復を快速急行（大阪〜滝野社《たきのやしろ》IC間の一部のバス停を通過）とし、速達性を持たせ、特急の代替をさせ、急行は4往復とした。大阪〜滝野社IC間には大阪〜西脇便（大阪〜中国道〜滝野社IC〜一般道〜西脇市）が運行され、途中バス停の乗車チャンス（停車回数）は1時間あたり1回が確保されており、「生活路線」への配慮はなされている。

現在（平成27年4月、平日）は、大阪〜津山間では超特急（3カ所停車、所要時間2時間38分）下り2本、特急（9カ所停車、所要時間2時間54分）9・5往復、快速急行（20カ所停車、所要

表16　中国ハイウェイバス運行本数の変遷

年・月・日	運行種別	大阪～津山				大阪～落合IC	本数計
		所要時間		停車	本数	本数	
		時間	分	回数	往復	往復	往復
昭和50年(1975)11月1日	急行	3	10	22	10	2	12
昭和57年(1982)12月25日	特急	2	50	7	4		4
	急行	3	12	23	18	2	20
	計				22	2	24
昭和62年(1987)4月1日	特急	2	45	8	8		8
	急行	2	59	23	18	2	20
	計				26	2	28
平成11年(1999)9月	超特急	2	25	0	4		4
	特急	2	45	8	8		8
	急行	2	59	23	20		20
	計				32		32
平成21年(2009)12月14日	超特急	2	35	3	1		1
	特急	2	51	9	9.5		9.5
	快速急行	3	0	20	9.5		9.5
	急行	3	4	23	4		4
	計				24		24
平成27年(2015)4月	超特急	2	38	3	1		1
	特急	2	54	9	9.5		9.5
	快速急行	3	3	20	7.5		7.5
	急行	3	7	23	6		6
	計				24		24

注　本数は平日を示す

時間3時間03分）７・５往復、急行（全バス停23カ所停車、所要時間３時間07分）６往復の計24往復の運行である。

沿線開発と過疎化による運行ダイヤの変遷

『国鉄自動車五十年史』の輸送実績によれば、国鉄バスは昭和51年（１９７６）度初めに6往復、11月より7往復の運行で利用人員は31万８０００人であったものが、年々増加し、３年後の昭和54年度には10往復で48万９０００人（対昭和51年度１５４％）となった。

平均乗車距離は約90キロで一定しており、沿線全域で増加していることを示し、また、大阪と沿線最大の都市津山との距離が約１６５キロあることから、この約90キロは都市間輸送が主体でないことも示し、この路線は沿線居住者と密着した「生活路線」的色彩が強いことを示している。

中国ハイウェイバスは鉄道（山陽本線・姫新線）と比較して路線距離が９キロ短く、中国道では最高時速80キロの区間が多いにもかかわらず、所要時間・運賃面で優位にあり、姫新線の急行列車の利用人員は、対前年21％減（高速バス開業後5カ月間の実績）となった。

これらから、『国鉄自動車五十年史』では、

①鉄道線の短絡的な性格をもつ路線であるため、高速道沿線から大阪への最短ルートとなった

昭和52年に中国ハイウェイバスに導入された車両（神姫バス）

②中国高速線の場合、高速道を幹とした接続ローカルバスの充実に力点を置き、輸送の整備をはかったため、高速バスが文字通り「バスの新幹線」となり背後の潜在需要が開発された

等と分析した。

昭和55年度以降も増加傾向が続くが、これは高速道の沿線で活発に行われた開発が寄与している。兵庫県中央部から岡山県北部は南部の瀬戸内沿岸に比べ、開発が遅れていたが、高速道の開通により、開発が進み人口が増加、沿線5市2町の人口は昭和50年に対し、平成7年（1995）には105％になっており、増便に繋がっている。

しかし、近年は山間部が多いことから過疎化が進み、平成22年には人口は96％（対昭和50年）まで減少している。平成21年の減便はこうした背景の中で行われたものであるが、依然として、この路線は鉄道短絡路線を生かした「都市間輸送」（超特急下り2本、特急9・5往復）とともに「生活路線」（快速急行7・5往復、急行6往復）の機能を持つ、特異な高速バス路線である。

第4章

高速道の延伸と規制緩和

――得意分野で発展し、1億人輸送機関へ

名神ハイウェイバスの国鉄バス利用者は、昭和50年（1975）度には開業翌年度（昭和40年）の72％に減少し、また、東名道では東名急行バスが昭和50年に撤退した。この頃までに高速バス輸送の基礎は形成された（基礎形成期）が、高速バスが新幹線並行路線で、シェアを確保していくことの難しさが顕在化し、大都市間を中心とする「駅間を単純に結ぶ路線」の先行きに暗雲が垂れ込めた。

その後、開通が予定されていた東北自動車道（以下、東北道）・関越自動車道（以下、関越道）には新幹線が並行していたため、名神・東名ハイウェイバスのような運行形態でない、「高速バスが得意とする分野（路線）」を開拓することが課題となった。

公共輸送機関には、「安全」を前提として、「速い」（所要時間が短い）、「便利」（運行頻度が高い、目的地に直通＝乗り換えがない、乗降箇所が近い）、「快適」（車内の居心地）、「安い」という輸送サービスの向上が求められる。

高速バスの50年の歴史に対し、鉄道は明治5年（1872）の新橋～横浜間の開業に始まる140年以上の歴史があり、新幹線を含め全国に張り巡らされた路線網（ネットワーク）を有し、充実した輸送サービスで、都市間旅客輸送を長年担ってきた実績を持っており、高速バスにはこの実績のある鉄道に勝る輸送サービスが求められる。

「速い」では、高速バス（平均時速は短距離路線〈運行距離150キロ以下〉で40～60キロ、中距離〈同150超～250キロ〉・長距離〈同250キロ超〉で50～70キロ）は新幹線（平均時速200キロ前後）に大きく劣る。しかし、在来線幹線（最高時速120～130キロの線区で平均時速70～100キロ、JRの運賃計算の幹線とは異なる）との差は小さくなる。地方線（速度の低いローカル線で平均時速30～60キロ、JRの運賃計算の地方交通線とは異なる）とでは同等もしくは高速バスの方が「速い」。鉄道を短絡する高速道を利用することで所要時間を短縮することもできる。

「便利」では、高速バスは、鉄道以上に張り巡らされた一般道を利用することで直通や乗降箇所（バス停）の多様化等が可能で、鉄道のネットワークに勝ることができる。また、1両あたりの定員は少ないがゆえに多頻度運行は容易である。鉄道は夜間保守間合い（保守点検のために列車運行を行わない時間帯）を設けているため、運行時刻に制約があるが、高速バス夜行便には運行時刻の制約が少なく、最適時刻での運行が可能で、「便利」になる。

「快適」では、3列座席の開発や窓の大型化等が行われた。

運賃は「安い」。新幹線の半額程度である。鉄道短絡路線では鉄道より運行距離が短縮され、運行距離にほぼ比例する運賃は「安い」をより優勢とする。

これらを活用することが「鉄道に勝る輸送サービス」のポイントであり、活用した結果、大いに発展した。「発展」は、「得意分野」を開拓する「発展萌芽期」、高速道の延伸で路線を拡大した「発展期」、規制緩和、ツアーバスとの競争の中で進化した「競争発展期」に分けることができる。

発展萌芽期　昭和51年（1976）頃〜昭和61年（1986）頃

昭和50年代になると、東京から放射状に延びる中央道・関越道・東北道等の主要道が開通・延伸され、供用キロは発展萌芽期の前年度（基礎形成期の最終年度）である昭和50年（1975）度の1888キロから昭和61年度には3909キロ（対昭和50年度2021キロの増で2・07倍）に拡大した。高速バスはその特性を路線の状況に合わせて活用し、「輸送サービス」を進化させることで、現在、活況を呈している運行形態（鉄道短絡路線、短距離路線、在来線並行路線、特に地方線並行路線、夜行便）が始まり、かつ成功したことで、「得意とする分野（路線）」として確立し、高速バスに希望が再び芽生えた。皮肉にも「得意分野」は名神・東名ハイウェイバスで目指した、新幹線並行中長距離路線以外の全てのジャンル（分野）であった。

国鉄は昭和50年代に入り、毎年のように運賃値上げを行ったことなどから、利用者が減少していった。また、東北道に並行する東北新幹線が昭和57年6月に、関越道に並行する上越新幹線が同年11月に開業し、輸送力（列車運行可能本数）が増強された。これらにより、この2高速道を利用して、高速バスによる鉄道の「補完」を行う必要がなく、国鉄バスは参入しなかった。

高速バスの優位性が高い「鉄道短絡路線」

中国ハイウェイバスでの特急の運行開始や名飯急行バス（名古屋〜飯田間）の高速道運行等で、鉄道短絡路線の優位性が見出された。

■中国ハイウェイバス（大阪〜津山間）

中国ハイウェイバスは、昭和50年（１９７５）11月の開業当初「生活路線」として急行（全バス停に停車）のみでスタートした。

鉄道で大阪と津山（岡山県）は東海道本線（大阪〜新大阪）・山陽新幹線（新大阪〜岡山）・津山線（岡山〜津山）で２２３キロ（新幹線は実キロ、在来線は営業キロ。以下、同じ）であるが、高速バスの大阪駅〜津山駅間は１６５キロ（運行距離は各社からの公表値とするが、公表されていない場合は概算である。以下、同じ）で、鉄道より58キロ短い。また、津山線（岡山〜津山58キロ）は単線・非電化で速度も低い（山陽新幹線の姫路から津山には姫新線があり、かつては急行列車が運行されていたが、その後廃止され、さらに速度が低い）。

中国道は鉄道を短絡していることと、津山線の速度が低いことに着目し、津山市は人口10万人の小都市であるが、大阪～津山間の都市間輸送をターゲットにした特急の運行を昭和56年に4往復で開始し、昭和61年には8往復に発展した。

■**名飯急行バス（名古屋～飯田間）**

中央道（東京都・高井戸ＩＣ～愛知県小牧市・小牧ＪＣＴ間３４４・３キロ）は昭和57年（１９８２）11月に全線開通した。

小牧側からの建設で小牧ＪＣＴ～長野県・駒ヶ根ＩＣ間が開通し、昭和50年に一般道を利用していた名古屋～飯田（長野県南部）間の名飯急行バス（名鉄・信南交通）が高速道経由となった。

鉄道で名古屋～飯田間は東海道新幹線（名古屋～豊橋）・飯田線（豊橋～飯田）の利用で１９７キロ、飯田線はカーブが多いため速度が低く、また名古屋への直通列車が少ない（豊橋乗り換え）。

中央道は「鉄道を短絡」し、名古屋（名鉄ＢＣ）～飯田（駅）間の高速バスは約１２４キロで、鉄道より73キロ短く便利なダイヤとなった。

鉄道にできない短距離での輸送サービス

■「ひのくに号」（福岡～熊本間）

九州自動車道（北九州市・門司ＩＣ～鹿児島市・鹿児島ＩＣ間３４５・５キロ、以下、九州道）は順次部分開通。昭和37年（１９６２）に運行を開始した「ひのくに号」（福岡～熊本間、運行距離１２０キロ、西日本鉄道＝西鉄・九州産業交通＝九州産交）は、昭和48年から高速道利用となり、高速バスによる短距離（運行距離１５０キロ以下）の地方主要都市間輸送としてスタートした。

この路線は福岡市の市街地中心部「天神」（西鉄天神バスセンター）と熊本市の中心部「辛島《からしま》町」（熊本交通センター）を直通することで、鉄道にできない「市街地中心部間直通輸送サービス」を提供した。

「ひのくに号」（福岡～熊本間）は昭和37年の運行開始当初は一般道を走っていた

■新潟～長岡間

北陸自動車道（以下、北陸道）の部分開通区間を利用して、昭和53年（1978）に新潟〜長岡便（運行距離73キロ、新潟交通・越後交通）の運行を開始した。県庁所在地・新潟市と中越の中心都市の長岡市は新潟県の2大都市である。地方の中核となる主要都市間を結ぶ「新幹線並行短距離路線」であり、新潟市内の主要箇所の経由、多頻度運行、安価な運賃設定（現在の運賃は新幹線の33％）で成功したことから、その後、高速道の延伸に合わせ、この路線も1つのモデルとなり広まっていった。

鉄道の在来線地方線に並行する路線では

■中央高速バス（新宿〜伊那間、新宿〜飯田間）

中央道では昭和59年（1984）12月に、新宿〜伊那、飯田間（京王帝都電鉄、諏訪バス、伊那バス、信南交通）の運行を開始した。この路線は中央本線（新宿〜辰野間210キロ）・飯田線（辰野〜飯田間66キロ）計276キロに並行するが、飯田線は速度が低い（現在のダイヤでは平均時速は約30キロ）ため、高速バスに有利であった。

このため、国鉄は中央本線・飯田線の鉄道利用者がバスに転移し、これらの線区への影響が大きいとして反対したが、受け入れられなかった。この後、国鉄バスは自ら中央道に関連する高速バスに参入する（近鉄が「企業防衛」のため名神ハイウェイバスに参入したのと同じ考え方）こととし、ＪＲ東日本に移行後の昭和62年７月に新宿～岡谷間の運行を開始した。

新宿～伊那、飯田間の路線の利用は非常に好調で、名古屋経済圏に距離的にも近い南信（長野県南部）の東京への潜在需要の大きさを示すとともに、高速バスの「在来線地方線（ローカル線）並行路線」に対する事業性の高さを示すこととなった。このことから、以降、過疎化などにより利用者の減少に悩む地方都市のバス会社が相次いで高速バスに参入し、一般路線バスの赤字を高速バスで穴埋めしていると言われるようになった。

新幹線に並行する長距離路線や夜行便の運行

■池袋～新潟間

関越道（東京都・練馬ＩＣ～新潟県長岡市・長岡ＪＣＴ間２４６・１キロ）は昭和60年（１９８５）10月に全線開通した。長岡ＪＣＴですでに開通していた北陸道に接続し、東京から新潟が高速道で結ばれた。同年12月、池袋駅東口～新潟駅前間（西武バス・新潟交通・越後交通）で２往復の高速バスの運行を開始した。

新幹線に並行する中長距離路線では、名神・東名ハイウェイバスで苦戦をしていたが、この路線では、その後、徐々に便数を増やし、先行して昭和57年に開業していた新幹線に影響を与え、

昭和58年に運行を開始した初代「ムーンライト号」

国鉄やＪＲは企画（割引）切符の販売や在来線夜行快速の運行等で対抗した。

■「ムーンライト号」（大阪〈現在は京都〉～福岡間）

中国道は昭和58年（１９８３）に全通し、すでに開通していた関門橋で九州と結ばれた。同年3月に「ムーンライト号」（大阪～福岡間、阪急バス・西鉄）が運行を開始した。この夜行便は3列独立座席を使用し、共同運行・運賃プール精算（１４８頁参照）を行う等先駆的手法が取り入れられ、以降の高速バス運行に大きな影響を与えた。後に、この運行に対抗し、ＪＲは夜行寝台列車に格安運賃の座席車の連結を行った。

■「ノクターン号」（品川～弘前間）

東北道（埼玉県・川口ＪＣＴ～青森県・青森ＩＣ間６７９・５キロ）は昭和62年（１９８７）9月に全線開通するが、埼玉県・浦和ＩＣ～青森ＩＣ間が開通し

昭和61年に運行を開始した「ノクターン号」（品川〜弘前間）

ていた昭和61年12月に品川（東京都）〜弘前《ひろさき》（青森県）間の夜行便「ノクターン号」（京浜急行・弘南《こうなん》バス）が運行を開始した。ノクターン号は運行距離が692キロあり、地方都市と大都市を結ぶ長距離夜行便の草分け的存在である（東京〜大阪間のドリーム号は大都市間で、運行距離は548キロ）。

弘前市は県都でもなく、人口は約19万人（昭和60年時点）の地方都市のため、ノクターン号の利用者数が注目されたが、国鉄・JRが夜行列車を廃止していったこともあり、利用は好調であった。

このノクターン号の成功は「地方都市と大都市を結ぶ長距離夜行便」の事業性の高さを示し、これが引き金となり、東北の諸都市と東京との間の夜行便が続々と登場する。

このようにして、高速バスの「得意分野」を見出し、発展萌芽期の前年度である昭和50年度の事業者数23社、運行回数453回／日、輸送人員1100万人／日が、昭和61年度には60社、1961回／日、3400万人／日（2300万人増、約3倍、国土交通省調べ）に増加した。

バス車両には、快適な旅を追求する構造・機能が登場する。スケルトンボディーの採用による大型窓、トランクスペースの拡大や3列独立座席等がこの時期に開発された。

共同運行・運賃プール精算とは？

「共同運行」は高速バスの発展に大きく貢献した運行方式である。バス会社は都道府県の一部地域を営業区域とし、その地域で一般路線バスを運行し発展してきた。高速バスの運行はその地域を越えて他の地域に乗り入れる運行となる。乗り入れ先の地域の営業ノウハウ（地域事情）は乏しく、また、バスターミナル・バス停、乗車券販売箇所（現在はインターネット販売が盛んであるが、以前は店頭販売であり、販売箇所の確保は非常に重要であった）、バス駐車場、運転手の休憩場所等の設備も保有していない。

このためにとられている方式が「共同運行」である。例えば、A地域を営業区域としているA会社がA市から、B地域のB市への路線を開設しようとする場合、B地域を営業区域としている

B会社と共同して同一路線を運行するもので、A会社はB会社の設備を利用し、B会社はA会社の設備を利用。営業活動は営業ノウハウを互いに持ち寄り共同で行う、または自地域を分担して行うものである。

運行本数・時刻はA・B両社で協議して決めることになるが、本数は同一にすることが多い。運行便ごとに利用人員は異なることから、A・B両社の収入を合算し運行本数実績に応じて配分を行う「運賃プール精算」が広く行われている。

「共同運行」を契機にして定着したのが「クローズドドアシステム（乗車降車専用方式）」である。A地域を出発した便はA地域のバス停（バスターミナルを含む）では乗車のみ、B地域のバス停では降車のみとし、A・Bそれぞれの地域内に設けられたバス停相互間の利用を制限する方式である。A地域内の利用者はもともとA会社を利用していたものであり、高速バス利用を可能にすると、B会社にも収入が配分され、A会社が減収になるのを避けるためであった。

この方式は、乗降口が1カ所の高速バスのバス停での扱いをスムーズなものにし、停車時間の短縮につながること、短区間の利用で長区間の利用に影響が出ることを避ける効果が大きいことから、次第に定着していった。

［コラム］高速バスに対する国鉄・JRのスピードアップ

昭和50年（1975）以降、国鉄は経営悪化から毎年のように運賃値上げを行い、また、各地で空港の整備が進んでいたことから、新幹線に影響が出ることが懸念された。さらに、在来線では並行した高速道の開通が相次ぎ、乗用車への転移に加え、高速バスが発達し、輸送量に影響が出てきており、昭和60年の国鉄監査報告書には「国鉄及び高速道路の輸送状況」が取り上げられ、強い関心が示されていた。

こうしたことから、国鉄元副技師長小野純朗氏は著書『鉄道のスピードアップ』（社団法人日本鉄道運転協会、昭和62年3月発行）で次のように提言している。

「航空機や自動車と激しい競争関係にある線区にあっては、スピードアップを中心とする輸送の質的改善をはかり、競争力の強化をはかることが必要である。

特に、旅行時間2～3時間、旅行距離300～600キロのいわゆる中距離圏における鉄道のシェアは現状では高いが、自動車と航空機によって挟撃をうけているところであるから輸送の質的改善によりシェアの維持、確保をはからねばならない」

具体的には、

「東海道新幹線は現在の時速220キロを260キロ化により、東京～新大阪間を2時間30分程度、山陽新幹線は時速220キロを300キロ化で新大阪～博多間2時間30分程度、東北新幹線は時速240キロを270キロ化、在来線では、時速160キロまたは140キロを目指した最高速度向上を行う。過渡的に現用車により最高速度を時速１３０キロに向上する」であった。

昭和62年のＪＲ移行後に、これらの提言の多くは実現した。東海道新幹線は平成４年（１９９２）に時速２７０キロ、平成27年に時速２８５キロに向上し、山陽新幹線が時速３００キロでそれぞれ２時間30分以内である。在来線の時速１３０キロは、現在、高速バスの運行が盛んな盛岡〜秋田間（秋田新幹線、バスの運行は仙台〜秋田間）、上野〜水戸間、新宿〜松本間、大阪〜金沢間、小倉〜大分間（バスの運行は福岡〜大分間）等で実現しており、北越急行ほくほく線（第３セクター、新潟県六日町〜犀潟間）に至っては時速１６０キロを実現した。

また、提言を大きく超える高速化も行われ、東北新幹線は時速３２０キロとなった。

このようにＪＲ移行後に、新幹線・在来線の高速輸送ネットワークが著しく充実した。

このことは高速バスにとって、競合相手がより強力になったということである。

発展期　昭和62年（１９８７）頃〜平成13年（２００１）頃

高速道は主要（幹線）道の延伸とともに地方都市への路線も開通していった。その中には、本州四国連絡道路と東京湾アクアラインという、海上ルートを陸上ルートに変える歴史的な道路で、かつ鉄道路線を短絡する道路もあった。

高速道供用キロは発展萌芽期の最終年度である昭和61年（1986）度の3909キロが平成13年（2001）度には6948キロ（対昭和61年度1・78倍）と大幅に延伸した。これに合わせ、高速バスは路線を拡大、特に発展萌芽期に見出した「得意分野」に進出し、大きく発展した。

また、高速バスの「基礎形成」に大きな役割を果たした国鉄バスは、民営化で「国鉄バス5原則」から解放され、高速バスに自主判断で参入できたことも、発展を大いに後押しした。

「国鉄バス5原則」からの解放

国鉄は昭和62年（1987）4月1日に6つの地域別の旅客鉄道会社と貨物鉄道会社等に分割し、民営会社（株式会社）JRとしてスタートした。国鉄バスは6つの旅客鉄道会社に分割され事業を継続した。翌年4月には本州3社（JR東日本、JR東海、JR西日本）は、バス事業の経営責任を明確にし、効率的な体制を確立すべく分社し、ジェイアールバス東北、ジェイアールバス関東、ジェイアール東海バス、西日本ジェイアールバス、中国ジェイアールバスが事業を引き継いだ。JR北海道は平成12年（2000）にジェイ・アール北海道バスを、JR四国は平成16年にジェイアール四国バス、JR九州は平成13年にJR九州バスを分社した。

JRに移行（民営化）したことで国鉄バスの事業範囲を縛っていた「国鉄バス5原則（鉄道の先行、代行、短絡、培養、補完の使命のある路線で運行）」から解放され、他のバス会社と同様な事業活動が行えるようになった。

国鉄バスは、建設しても採算が取れない鉄道路線の代行としてスタートした経緯が示すように、地方ローカル路線が多く収支が厳しかった。JR移行後、効率的な体制を確立すべく、これら地方ローカル路線を縮小するとともに、全国各地で高速道路が開通していたことから、名神ハイウェイバス以来の高速バスの運行経験をJR各社で共有し、積極的に高速バスに進出していった。

平成２年に運行を開始した「ポテトライナー号」（札幌～帯広間）

例えば、JR東日本では昭和62年4月に東京～つくば間の「つくば号」、同年7月に新宿～岡谷間、8月に盛岡～青森間「あすなろ号」をスタートさせた。

JR東海とJR西日本は同年7月に名古屋～金沢間の「北陸道特急バス」を、中国ジェイアールバスとJR四国は翌63年4月に倉敷～高松間を、そして、中国ジェイアールバスは同年12月に渋谷～出雲間の夜行便「スサノオ号」を開始している。

ＪＲ北海道は平成2年に札幌～帯広間「ポテトライナー号」、札幌～旭川間「高速あさひかわ号」を、ＪＲ九州は平成元年に福岡～宮崎間「フェニックス号」、翌2年に福岡～鹿児島間「桜島号」の運行を開始した。これらは、ＪＲ系以外の会社との共同運行であった。

なお、需給調整規制（165頁参照）の撤廃（平成14年）までは、すでに路線のある区間（事業性の高い区間）への参入は一部を除き難しく、高速道の開通等で新たに開始される路線に限定されており、「国鉄バス5原則」に縛られて積極的な路線開設が行えなかった、それまでのハンデは背負い続けた。

このような高速バスへの急速な進出、特に在来線並行線区への進出は、新生ＪＲの鉄道経営に大きな影響を与えるとして、鉄道とバス関係者の間で論争のあった会社もある。

その論争は昭和59年の中央本線・飯田線に並行する高速バス路線に反対したことを想起させる（この時は運行を開始）ものであるが、高速バスは鉄道部門で管理する駅前広場を発着に利用していること、マルスによる座席予約を行っていたこともあり、高速バスへの進出には制約があった。

しかし、この頃になると多くの民間バス会社が高速バスに進出しており、ＪＲ系バス会社の進出がなくても鉄道への影響は避けられない状況であった。さらに、平成14年には需給調整規制が撤廃され、新規参入が加速した。

また、各地で高速バスターミナルが整備され、バス独自の販売（予約）システムを保有したこともあり、この論争は終局し、鉄道とバスが得意分野で棲み分けを行うようになった。

本州四国連絡道路、東京湾アクアラインの完成

本州四国連絡道路は、神戸淡路鳴門自動車道（神戸・鳴門ルート、明石海峡大橋経由、以下、神戸淡路鳴門道）・瀬戸中央自動車道（児島・坂出ルート、瀬戸大橋経由、以下、瀬戸中央道）・西瀬戸自動車道（尾道・今治ルート、愛称名＝瀬戸内しまなみ海道、以下、西瀬戸道）の総称で、瀬戸中央道は昭和63年（１９８８）４月10日に開通した。次いで、平成10年（１９９８）４月５日に神戸淡路鳴門道が、平成18年に西瀬戸道が全通した。

これらの道路、とりわけ神戸淡路鳴門道、瀬戸中央道を利用した高速バスの運行が行われ、四国と関西・中国等との公共輸送が一変した。

神戸淡路鳴門道を利用した関西～四国間は、高速バスが「得意分野」とする鉄道短絡路線であり、ダブルトラック（同一区間の路線に2運行グループが参入）となる等、積極的な路線設定もあり、高速バスは大きく拡大した。

■瀬戸中央道

瀬戸中央道（岡山県・早島IC〜香川県・坂出IC間、37・3キロ）は、瀬戸内の島々を瀬戸大橋で結んで建設され、早島ICで山陽自動車道（以下、山陽道）と、坂出ICで高松自動車道（以下、高松道）と接続している。昭和63年4月10日に開通したが、接続する高松道は未開通だった。

山陽道や四国島内の高速道は多くの区間で未開通であったが、平成2年（1990）4月に大阪〜松山間の「オレンジライナーえひめ号」（阪急バス・伊予鉄道）、8月に堺・難波〜松山間の「どっきん松山号」（西日本ジェイアールバス・JR四国・南海）、同じく8月に大阪〜高知間の「よさこい号」（阪急バス・土佐電気鉄道・高知県交通）、平成8年4月（この時点でも山陽道の兵庫県・神戸JCT〜兵庫県・山陽姫路東IC間49・8キロは未開通であった）「さぬきエクスプレス号」（阪急バス）「さぬきエクスプレス大阪号」（四国高速バス）が運行を開始した。

大阪から四国への路線を高速道路の未開通部分が多い時期に運行を開始したのは、路線免許は需給調整規制の下で出されるため、将来、高速バスにより需要増加が見込まれる路線（区間）については、一般道を利用して実績作りを行っておくことが有利と考えたからである。

■神戸淡路鳴門道

神戸淡路鳴門道（兵庫県・神戸西IC〜徳島県・鳴門IC間89・0キロ）は本州と淡路島を明

石海峡大橋（全長３９１１メートル）で、淡路島と四国を大鳴門橋（全長１６２９メートル）で結び、神戸西ＩＣで山陽道と、鳴門ＩＣで高松道と接続している。

この高速道を利用することで、関西〜四国間は瀬戸中央道（鉄道路線に並行）経由より距離が短い（例えば、大阪市近郊の中国池田ＩＣ〜高知県・高知ＩＣ間では約25キロ）。高速バスは、瀬戸中央道と並行している鉄道を短絡する路線となり、大いに発展した。

神戸淡路鳴門道を走る西日本ジェイアールバス

平成10年４月５日に開通し、翌６日に大阪や三宮（神戸）から淡路島内及び徳島への高速バスの運行が開始された。

この時点で接続する高松道の鳴門ＩＣ〜香川県・高松中央ＩＣ間（56・３キロ）で開通していたのは、香川県の津田東ＩＣ〜さぬき三木ＩＣ間（13・３キロ）のみだったが、平成13年３月までに鳴門ＩＣ〜徳島県・板野ＩＣ間（10・５キロ）を除き開通（鳴門ＩＣ〜板野ＩＣ間は平成14年７月に開通）。

また、徳島自動車道（以下、徳島道）の徳島県・徳島ＩＣ〜同・美馬ＩＣ間（52・７キロ）は開通していたが、美馬ＩＣ

関西～四国間主要高速道の開通時期

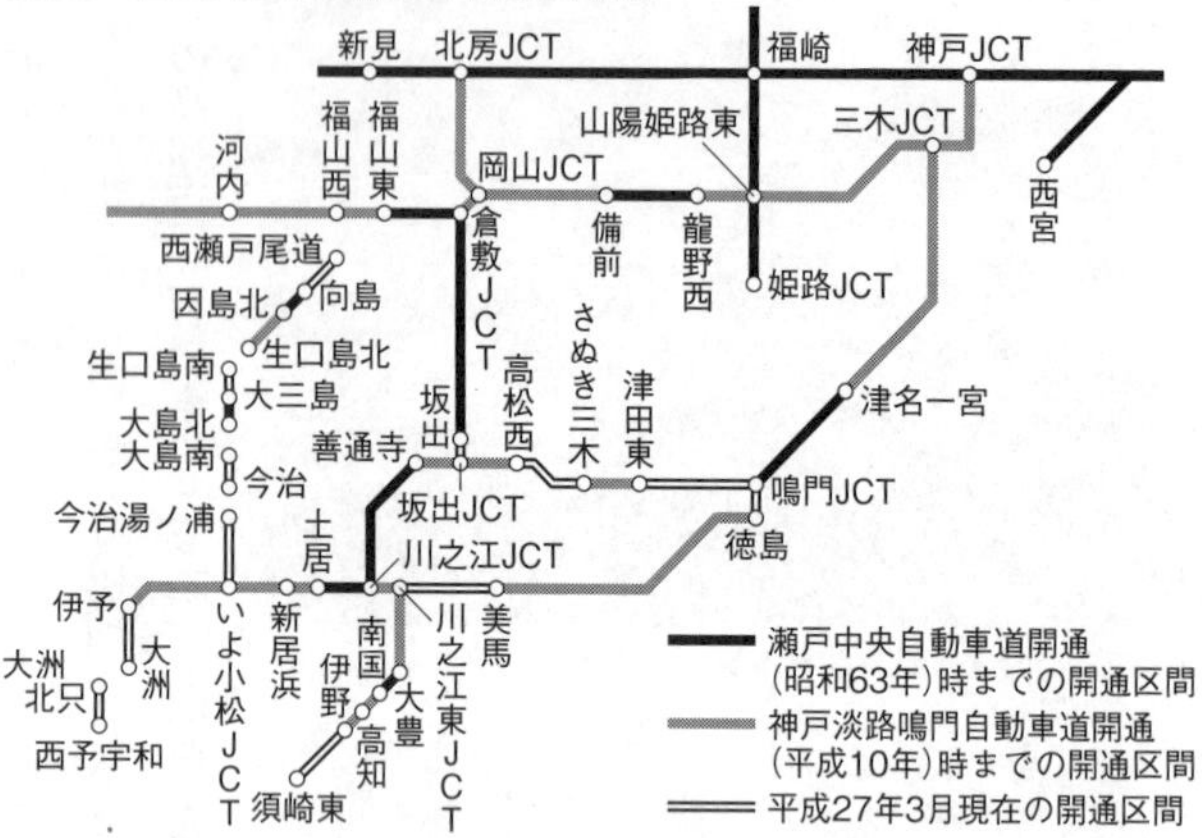

～愛媛県・川之江東ＪＣＴ間（42・6キロ）は未開通、同区間は平成12年3月に開通した。このため、瀬戸大橋経由で運行していた関西～四国間等の高速バスの多くは、平成13年3月までに距離の短い明石海峡大橋経由となった。

また、平成14年7月に鳴門ＩＣ～板野ＩＣ間が開通したことで、京阪神等と四国4県の県庁所在地は明石海峡大橋経由で鳴門ＪＣＴ～徳島ＩＣ間（10・9キロ）を除き高速道で結ばれた。

大阪～徳島間は鉄道では大阪から新大阪を経て、山陽新幹線岡山経由で瀬戸大橋線・高徳線を利用し、実に３１１キロである。加えて、高徳線は単線で最高速度も低い。高速バスは明石海峡大橋・淡路島・大鳴門橋を経由し、大阪（阪急梅田、大阪駅ＪＲ高速ＢＴ）～徳島駅間は運行距離１４９キロと鉄道（３１１キロ）

の半分以下である。

大阪～高松、松山、高知間も高速バスの運行距離は、それぞれ鉄道より32、29、54キロ短い。また、四国4県と東京の間の夜行便や、名古屋との便も明石海峡大橋を利用し運行されている。加えて、京阪神等と四国4県庁所在地等との間の多くの路線で、ダブルトラック（共同運行グループが2つ）での運行が行われ、輸送サービスを競うようになっている。

この結果、関西～四国間の公共輸送機関のシェアはバスがトップに発展した（199頁参照）。

■東京湾アクアライン

東京湾を横断する東京湾アクアライン（川崎市・浮島IC～千葉県・木更津金田IC間15・1キロ）は平成9年（1997）12月に開通した。浮島ICで首都高速湾岸線と接続し、アクア連絡道（木更津金田IC～木更津JCT間8・6キロ）を経て館山自動車道（以下、館山道）・首都圏中央連絡自動車道（以下、圏央道）と接続している。

この道路の完成により東京と房総半島方面のルートが短絡された。東京駅近くの銀座IC～君津IC間は、それまで千葉市経由で83キロであったものが、54キロに短縮された。

開通後、高速バスが東京、新宿、川崎、横浜等から木更津、君津、館山等に数多く運行され、鉄道（千葉市経由）・フェリーから、高速バスへと輸送地図が一変した。例えば、アクアライン

高速バス鉄道短絡路線図
（中国・四国）

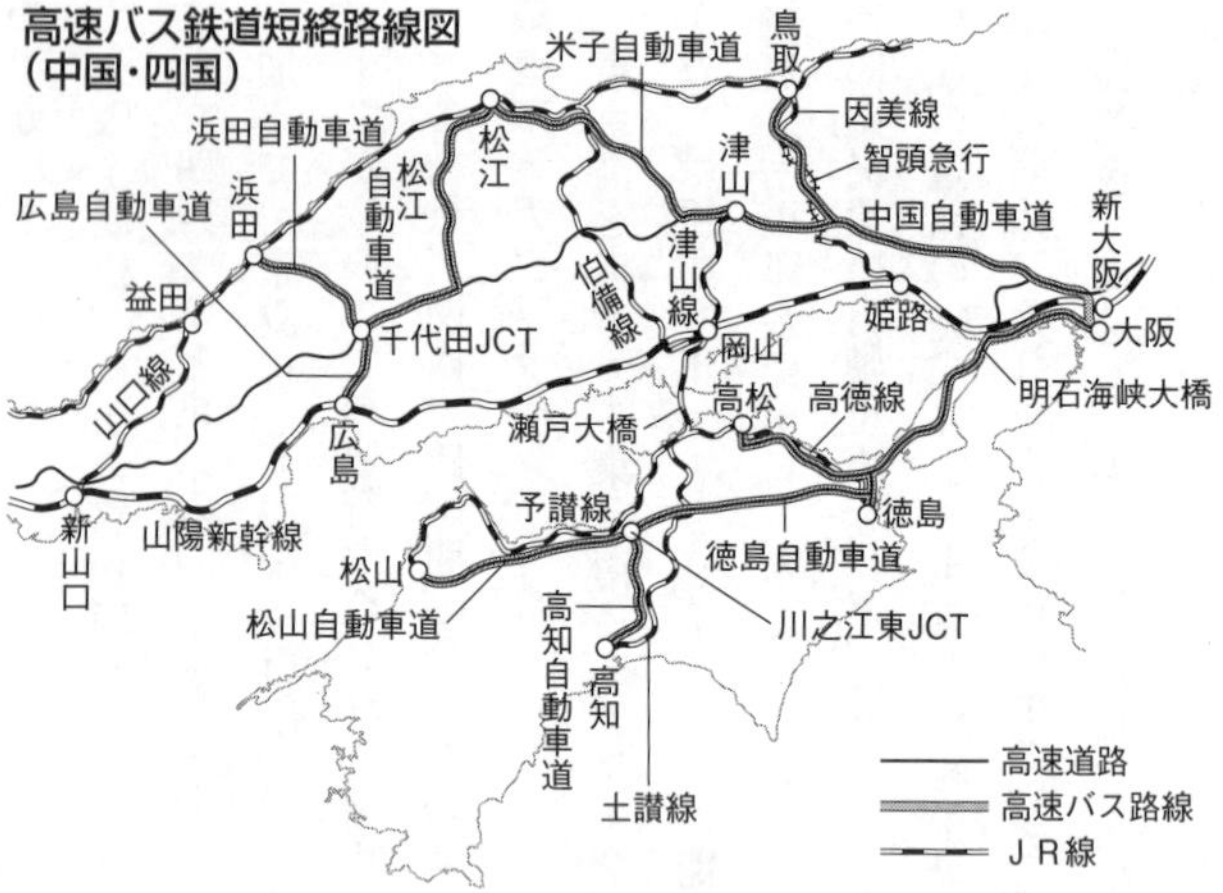

開業前（平成8年）、東京〜君津・木更津間の特急「さざなみ」は下り12本・上り10本運行されていたが、現在（平成27年4月）は運行の多い平日で下り5本・上り3本と、約3分の1になっている。

そのほかの鉄道短絡路線の運行開始

■中国道とその接続道路線

中国道に接続する広島自動車道（山陽道・広島ＪＣＴ〜中国道・広島北ＪＣＴ間17・2キロ、以下、広島道）は昭和60年（１９８５）に、浜田自動車道（中国道・千代田ＪＣＴ〜島根県・浜田ＩＣ間56・6キロ、以下、浜田道）は平成3年（１９９１）に、米子自動車道（中国道・落合ＪＣＴ〜鳥取県・米子ＩＣ間66・5キロ、以下、米子道）は平成4年に全通し、大阪から松江等、広島から浜田等の山陰方面への鉄道を短絡するルートでの高速バスの運行が開始された。

大阪から米子、松江、出雲等の山陰地方への鉄道ルートは、岡山等の山陽側を経由するルートで整備されているが、中国道はこれらの鉄道ルートを短絡（例えば大阪〜松江間は鉄道３５２キロ、バス２８８キロで64キロの短縮）することとなった。

また、広島〜浜田間は、鉄道では広島〜（新幹線）〜新山口〜（山口線）〜益田〜（山陰本線）〜浜田で２５８キロ、バスでは１０３キロと、なんと１５５キロもの短縮となり、半分以下の運行距離となっている。なお、広島から松江等へは、鉄道ルートは岡山経由で整備されているが、この区間は松江自動車道（以下、松江道）が平成25年に開通したことで、高速バスは短絡ルートを実現（広島〜松江間は鉄道３３２キロ、バス１７８キロで１５４キロの短縮）し、有利な交通機関となっている。

高速バス路線図（福岡〜大分・宮崎間）

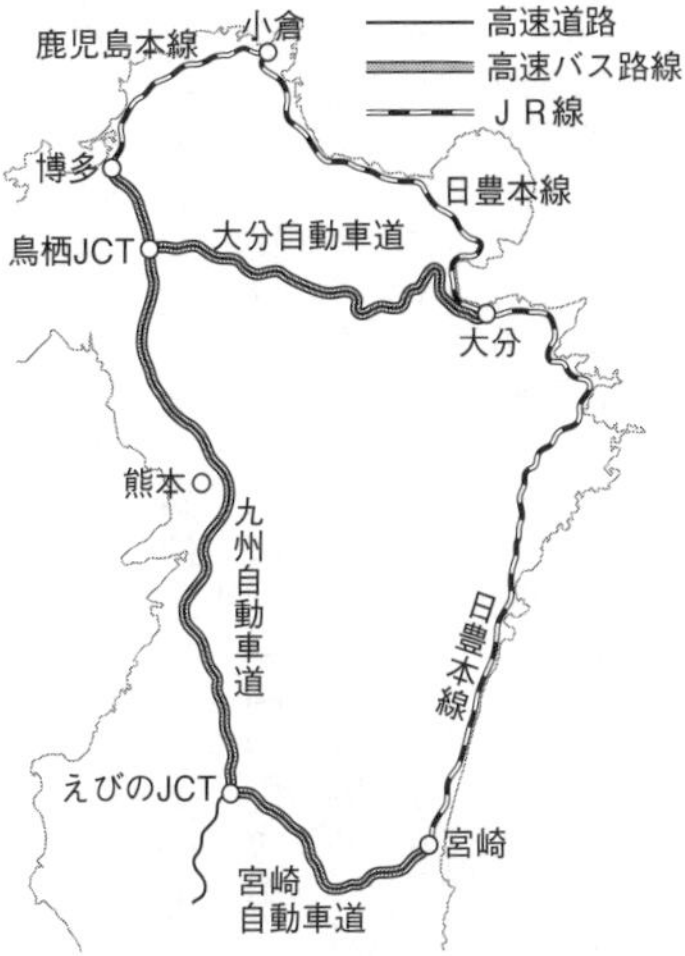

■九州道とその接続道路線

九州道は平成７年（１９９５）７月に全線開

通した。接続する宮崎自動車道（宮崎県・えびのJCT～宮崎市・宮崎IC間80・5キロ、以下、宮崎道）は昭和56年（1981）に開通しており、福岡～宮崎間が高速道で結ばれた。次いで、大分自動車道（佐賀県・鳥栖JCT～大分市・大分米良《めら》IC間134・5キロ、以下、大分道）は平成8年に開通した。また、長崎自動車道（以下、長崎道）の鳥栖JCT～長崎市・長崎多良見《たらみ》IC間109・1キロは平成2年に開通（鳥栖JCT～長崎IC間120・4キロは平成16年に全通）しており、九州7県が高速道で結ばれ、福岡を中心として高速バス路線が整備されていった。その中で、福岡～宮崎間（鉄道407キロ、バス308キロで99キロの短縮）、福岡～大分間（鉄道200キロ、バス169キロで31キロの短縮）は鉄道を短絡する路線として、大きく発展している。

在来線幹線、地方線に並行する路線の運行開始

在来線幹線に並行する路線としては、昭和62年（1987）7月に、東海道・北陸本線に並行する名古屋～金沢間が開業。常磐線に並行する東京～水戸間は昭和63年に、千歳・石勝線に並行する札幌～帯広間は平成2年（1990）に運行を開始した。

在来線地方線並行路線としては、昭和63年に山形自動車道（以下、山形道）の宮城県・村田J

CT～宮城川崎IC間が開通し、翌年、短距離の地方主要都市間輸送の仙台～山形間（運行距離62キロ）が高速バス路線としてスタート。この区間は、鉄道では仙山線で結ばれ、山間部の多い単線の路線である。また、地方線（鹿島線香取駅～鹿島神宮駅間14・2キロ）が含まれる在来線並行路線である東京～鹿島神宮間（東関東自動車道〈以下、東関東道〉を利用、運行距離116キロ）は平成元年に運行を開始した。これらの地方線並行路線では、所要時間は普通列車と同等もしくはバスが短く、運賃は安い。

国産のダブルデッカー車両、三菱MU612TX（三菱ふそうエアロキング）

夜行便では東京～大阪間等のドリーム号は昭和62年の2往復の運行から、平成13年には20往復に増便し、運行時間帯の拡大、発着地の多様化を行うとともに、3列座席の導入等を行った（詳細は113、120、122頁参照）。

大都市～中小地方都市間では、新宿～秋田間が昭和63年に、東京～八戸間、池袋～大館間が平成元年に、品川～鳥取、米子間が昭和63年に運行を開始し、夜行便が全国に広がっていった。

発展期のバス車両の進化

バス車両は増大する需要に対応するとともにコスト削減のため、平成3年（1991）には国産のダブルデッカー（2階建てバス）三菱U-MU525TA改（3列座席、乗客定員38人）が東京～神戸間のドリーム号に、平成14年（2002）にはドイツ・ネオプラン社製（全長約15メートル、4列座席84名）が東京～つくばセンター間（のち東京～大阪間の青春メガドリーム号）に登場した。

また、排出ガス規制は昭和49年から行われていたが、環境問題がクローズアップされ、平成6年にPM（粒子状物質）の規制が加わり、その後、規制値が非常に厳しくなっていった。この厳しい規制値に対応し、かつ出力を維持・向上するエンジンの開発が行われた。

輸送規模は昭和61年度の事業者数60社、運行回数1961回／日、輸送人員3400万人／年に対し、平成13年度には169社、6018回／日、7600万人／年（対昭和61年度4200万人の増と2倍以上）に増加し、全国で主要な公共輸送機関に成長した。

競争発展期　平成14年（2002）頃～現在

高速道の供用キロは、平成13年（2001）度の6948キロに対し、平成23年度には8021キロ（1073キロの増加）と延伸が鈍化した。こうした中、公共事業として法規制が厳しく行われてきた路線バスも、自由競争による市場の活性化という社会の流れの中で、規制緩和へと大きく変化した。

平成14年に需給調整規制が撤廃され、高速バスへの新規参入が相次いだことで、高速バス事業者間の競争が行われるようになった。また、平成17年のツアーバスの追認等により、高速バスとツアーバスとの間の競争が激化した。こうした激化が、一方で、高級・格安便の運行、発着地の多様化（直通輸送の充実）、閑散・繁忙期運賃の導入、乗車券のインターネット販売等の輸送サービスの向上をもたらし、利用者の高速バスへの関心を高め、高速道供用キロの増加は鈍化したにもかかわらず、ツアーバスを含めた高速バス輸送市場を広げていった。

需給調整規制撤廃で新しい輸送サービスの実現へ

路線バスを運行するには、運行する路線ごとに需給調整規制に基づいて出される国（運輸省、現国土交通省）の免許が必要であった。需給調整規制は過当競争を防ぎ、安定した運行を提供するため、国が需要の見込める範囲内に供給・運行本数を制限（調整）することとし、増便を行う場合はすでに路線免許を持っている会社を優先し、新規参入を抑制するものである。

この規制の下では、過当競争に陥ることなく一定の輸送サービスが安定的に提供されるものの、競争原理が働かず、利用者ニーズに対応した新しい輸送サービスが提供されにくいと指摘されていた。

そこでこの規制を撤廃し、平成14年（2002）2月から新しい制度に移行した。路線バス事業への参入は事業者ごとの許可制（安全の確保、利用者保護等の一定の要件を満たす必要がある）とし、許可を得た事業者はどの路線にも参入できるようにした。市場原理の下で競争を促し、輸送サービスの質的向上を目指すものである。

この規制撤廃に合わせ、運賃の規制も緩和された。それまで、総括原価方式（路線ごとの運行に要する費用に一定の加算をした額を運賃で回収）に基づき算出された額の認可制であったが、上限運賃は認可制とし、実際に適用する運賃は事前届け出制となり、事業者が柔軟に運賃コントロールを行えるようになった。

これらの規制の変更により、高速バスは同一路線に複数の事業者が参入（ダブルトラック等）

し、かつ運賃での競争も始まった。競争に勝ち抜く知恵と工夫による、輸送サービス向上が求められ、この規制緩和は発展に欠かせないものであった。

「ツアーバス」の台頭で1国2制度？

平成10年代に入り「ツアーバス」と呼ばれ、高速バスに類似した形態の輸送が東京〜大阪間等で盛んに行われるようになった。

ツアーバスは旅行業者が旅行業法に基づき企画（主催）する、発地〜着地間のバス輸送のみを目的とする募集型企画旅行商品で、旅行業者が貸切バス業者に委託（貸切運送契約）して運行するものである。

この形態の輸送は昭和30年代の帰省バス（お盆や年末年始に大都市〜地方都市間で運行）に始まり、東京ディズニーランド向けの大阪〜東京間（当初は入園券とセットであったがバス輸送のみに変化した）等に広まった。

高速バスは「道路運送法」（235頁参照）に基づく、一般乗合旅客自動車運送事業として、運行計画（運行時刻・運行本数等）や運賃の国土交通省への事前届け出・認可が必要である。一般道上のバス停については道路管理者（国、地方公共団体等）の承認を得た上で届け出なければならない等厳しい規制がある。一方、旅行業法にはこれらの規制がない。また、ツアーバスは乗降場所に一般道を使用することもあり、違法駐車等が指摘されていた。

この形態は、旅行業ではなく輸送業と考えるべきものであるが、輸送業にとって最も重要な「安全の確保」は、運行を受託した貸切バス会社が道路運送法に基づいて担い、一義的には、ツアー主催者（旅行会社）に課せられていない。そのため、ツアー主催者は「安全」に対し関心が薄くなり、さらに委託先の貸切バス会社が異なると、日々の運行のフィードバックが十分に行われないこととなる。

このように、主催（責任）者が「安全」に対して責任を持たない運行体制は、輸送業においては「致命的」であった。

また、ツアーバスは「貸切バス」という部外能力（バス、運転手）の活用を行うことができたのに対し、高速バスは部外委託が認められておらず、自社のバス・運転手のみで行うため、繁忙期に合わせたバス・運転手の確保が必要で非効率であり、高速バスとツアーバスは対等でなかった。

このように高速バスとツアーバスでは発地～着地間のバス輸送のみを行う形態でありながら、規制が大きく異なっていた。高速バス事業者は「一般乗合旅客自動車運送事業の類似行為である。

1国2制度で不公平・不平等であるので、道路運送法を適用して規制すべきである」と主張した。

「ツアーバス」の追認と急拡大、そして終焉

国土交通省は平成17年（2005）の自動車交通局（現自動車局）旅客課の事務連絡で、ツアーバスには「道路運送法上の責任を問うことはできない」とし、その運行を追認した。

ツアーバスは「格安」をセールスポイントとしていたが、これを実現できたのは、インターネットを駆使した無店舗販売など先進的販売手法等があるが、加えて規制が緩やかなことでの事務コスト減、最少催行人員に満たない場合の運行取り止め（高速バスは届け出た運行を予約が少ないという理由で運休することはできない）、集客状況に応じた旅行代金の割引による利用者確保（同様なことは高速バスでは行えない）等であり、さらに貸切バス事業者への委託料の減額（買いたたき）である。

貸切バスは平成12年の規制緩和で新規参入が容易となり、零細事業者が急増し、過当競争状態となっていた。このため、貸切バス事業者はツアーバス主催者の値下げ要求に応じざるを得なかった。

こうした状況の中で、ツアーバスの輸送人員は平成16年度に2万3000人であったものが、

ツアーバスの急成長

（国土交通省資料）

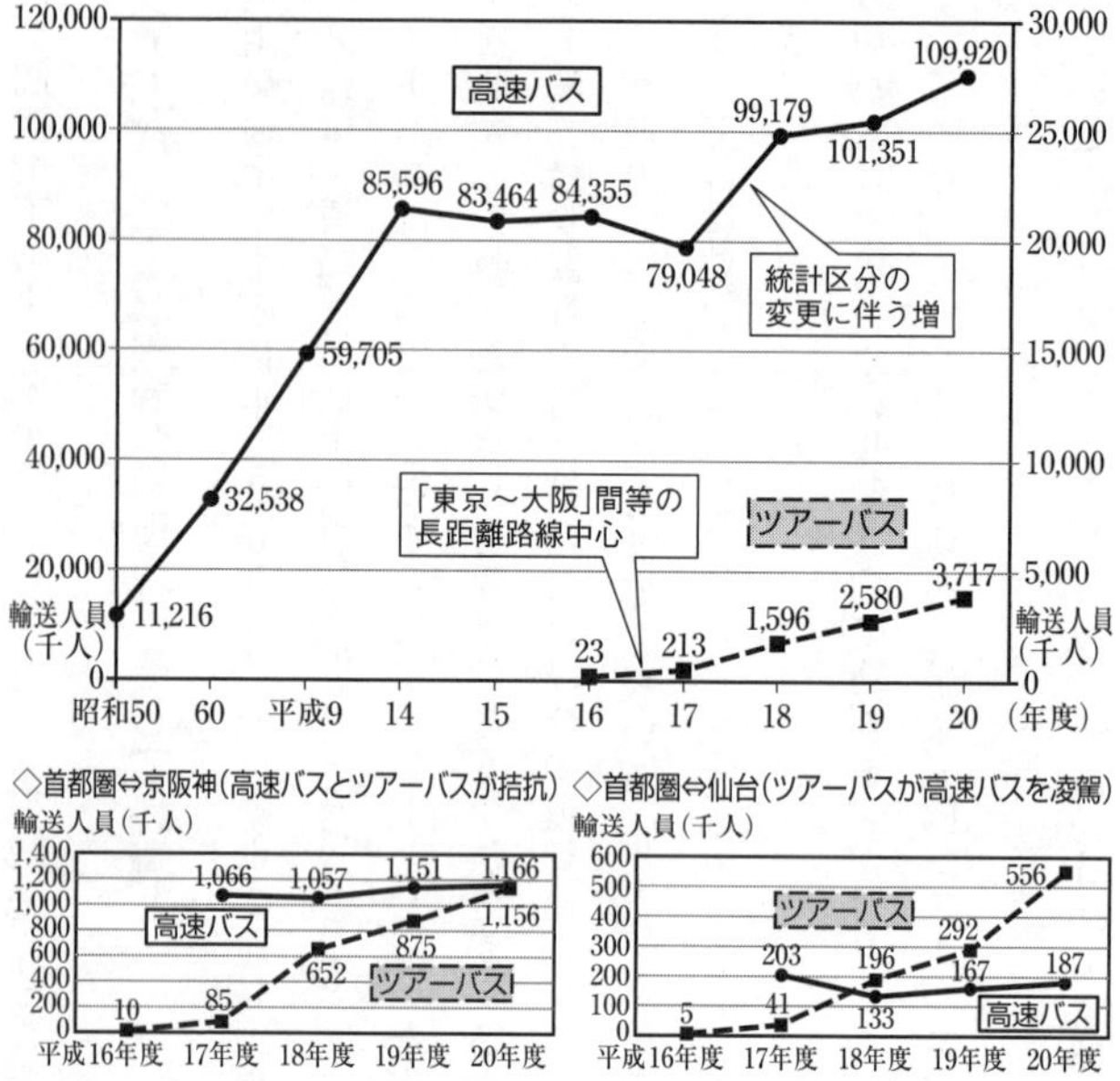

平成17年のツアーバス追認後、急拡大し、平成20年度には371万7000人になった。首都圏〜京阪神間では夜行便が運行され、平成16年度に1万人だったものが、平成20年度には115万6000人と約116倍に拡大し、高速バスの116万6000人と拮抗する規模となった。

規模拡大の中で、貸切バスは、経費削減のため法令違反をし、安全管理が疎かになっていると言われるようになり、総務省行政評価局は貸切バスの安全確保対策等についての行政評価・監視を実施し、平成22年9月に国土交通省に対し「貸切バスについては多数の法令違反があり、安全運行への悪影響がある」と指摘した。

そうした中、平成24年4月に関越道で、ツアーバスによる死亡事故（過労・居眠り運転により、防護壁に衝突し、乗客7名が死亡、乗客乗員39名が重軽傷）が発生し、国土交通省は「高速バス」と「ツアーバス」を道路運送法の下で一本化（実質的にはツアーバスの廃止）した上で、規制緩和を行う「新高速バス制度」を、翌25年8月（7月31日発の夜行便を含む）からスタートすることとした。

このようにツアーバスは懸念されていた「安全」が引き金となり終焉となったが、これは、規制と競争のバランスの重要性を示したといえる。

新高速バス制度により、公平な競争へ

高速バスは自社のバス・運転手での運行が原則（乗合バス事業者への一部乗務員の委託は可能）であったが、ツアーバスは幅広く貸切バス事業者に委託することで供給量（運行本数）の調整を柔軟に行っていた。新高速バス制度では、高速バス事業者が貸切バス事業者に運行を委託（運行委託契約）することを認め（委託できる範囲は委託側の高速バス事業の原則2分の1以内）、柔軟な供給量の調整を可能とした。

運行計画や運賃・料金の事前届け出期間を実施の30日前から7日前に短縮し、急な増便等を可能にした。

運賃については、平成14年（２００２）2月の需給調整規制の撤廃時に「上限運賃認可・実施運賃届け出」制となり、平成18年に運賃タイプごと（例えば座席タイプ4列・3列、乗車日の14日前・7日前購入等）の届け出制となっていた。

新高速バス制度では、これに加え上限額と下限額（上限額の80％）の幅により届け出る「幅運賃」制度を導入した。それまでは発売後に運賃を変更することは認められていなかったが、幅運賃の範囲内であれば、販売状況等により、日々、変更することが可能となり、柔軟な運賃コントロールが行えるようになった。これと同様な運賃コントロールはツアーバスで行われていたものであり、ＬＣＣ（格安航空会社）等でも広く取り入れられている。

「安全」に関しては、運行委託を行っても、高速バス会社の責任で運行することとしており、従来と同様な枠組みである。

このように、「安全」に関することは高速バス（道路運送法）を踏襲してその確保を図り、それ以外はツアーバスで行われていた内容に近い規制となった。事業者の自由度が増し、輸送サービスを競うことで、鉄道等との競争力が強化され、高速バス市場が活性化し、発展に繋がることが

新高速バス制度への一本化　（国土交通省資料）

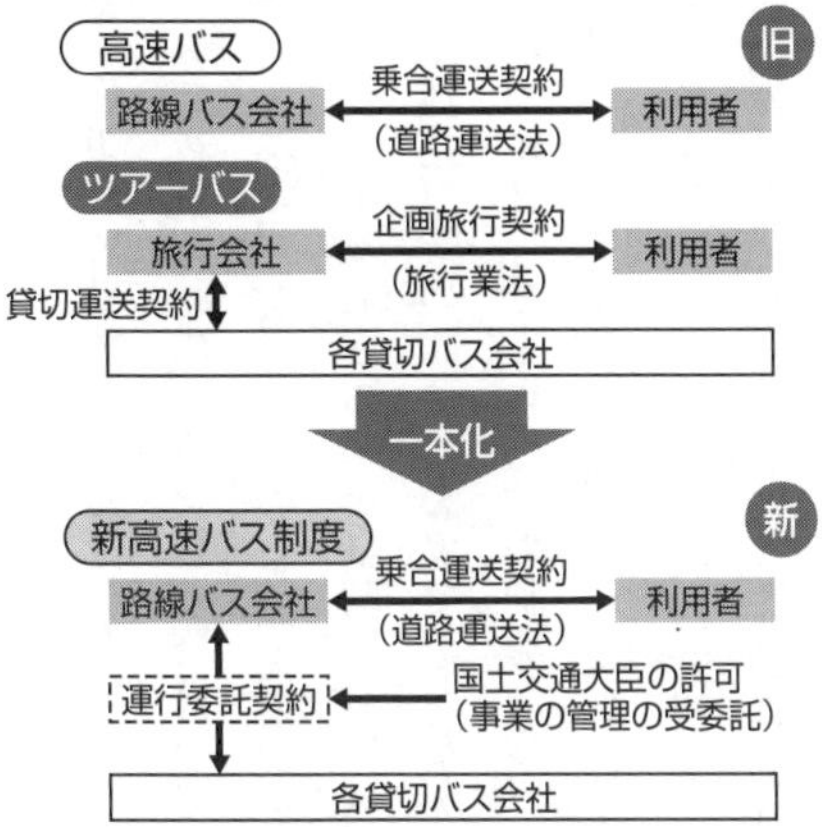

新高速バス制度での運賃の届け出　（国土交通省資料）

①運行計画の事前届け出期間の短縮

②運賃・料金の事前届け出期間の短縮

⇨事前届け出期間を実施の「30日前」から「7日前」に短縮。

③幅運賃の設定

○高速バスの割引運賃について、運賃タイプごとに、上限額と下限額（上限額の80％以上）の幅による届け出を可能にする。利用者には確定額を事前に示した上で予約・決済する。

大人片道普通運賃　●10,000円

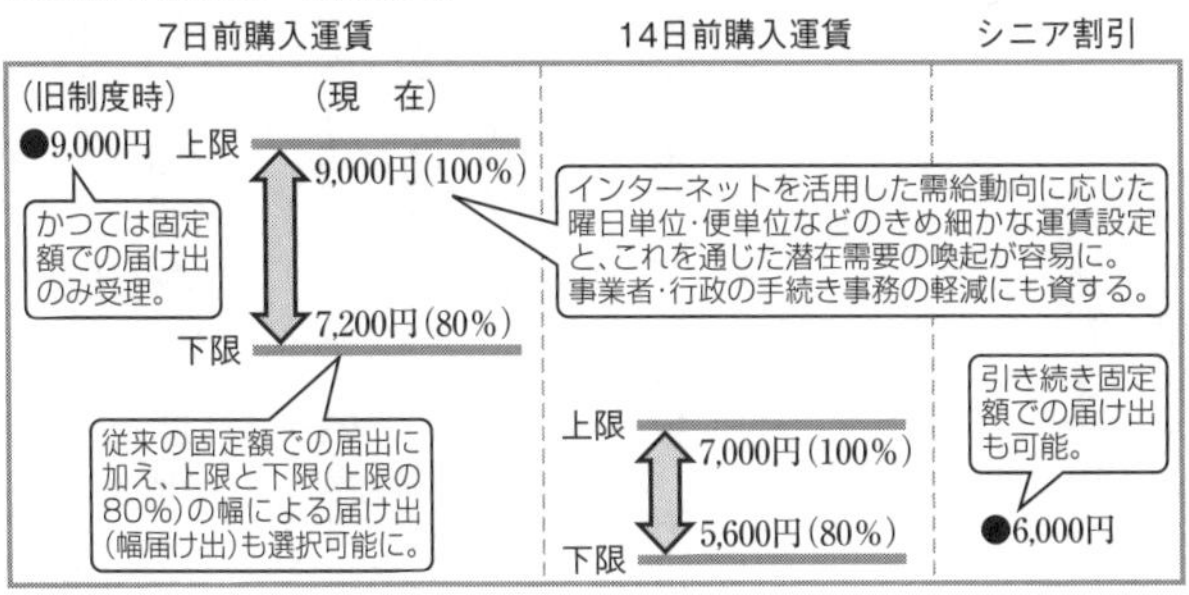

期待されている。

なお、貸切バス事業者に運行を委託する際は、関越道事故（平成24年4月）の後に定めた「ツアーバスの夜間運行に係る交替乗務員の配置基準（運行距離400キロを超える場合は原則2名乗務等）」を準用するなど、安全確保措置を強化した。

ツアーバス事業者が事業を継続するには平成25年7月末までに、国土交通省による一般乗合旅客自動車運送事業の許可が必要であったが、許可を得るには「委託できる範囲は委託側の高速バス事業の原則2分の1以内」の制約から、自ら半数以上のバス・運転手を確保しなければならない。結果、許可を得たのは49社（ツアーバス事業者の約3割）であった。

このためツアーバス比率の高い区間（東京〜大阪間では約半数）での輸送力（運行本数）不足が懸念されたが、混乱はなく「新高速バス制度」に移行し、公平・平等な競争がスタートした。

移行後、極端な「格安」便は少なくなり、健全な競争が行われている。

軽油高騰時代での運賃水準維持

高速バスは「安全」を前提として、「速い、便利、快適、安い」が求められる。便利さや快適さは抽象的で個人差がある。安さ（運賃）は具体的で、優劣を明確に示すことから、輸送サービスの中で、非常に重要な要素である。
「安い」を実現するにはコストを下げなければならない。共同運行による行先地でのコスト減、定員の多い2階建てバスの使用による1人あたりの輸送コスト減、事業者共通の販売システム（システム会社が開発）・インターネットを活用した乗車券販売でのコスト減、エコドライブ等を行ってきた。
こうしたことで、約30年間、鉄道の半額程度の運賃を実現し、維持していた。路線によっては値上げもあれば、値下げもある。
例えば、東京～大阪間は平成元年（1989）では、
ドリーム号（3列座席）8450円（税別8200円相当）
新幹線（ひかり、通常期・普通車指定席）1万3480円（税別1万3090円相当）
現在、平成27年4月は、
ドリーム号（3列座席）7400～9200円（税別6850～8520円相当）
新幹線（ひかり、通常期・普通車指定席）1万4140円（税別1万3090円相当）
であり、新幹線が同水準である中で、高速バスの運賃は運行日等により異なっているが、多くの運行日で値下げとなっている。

この間はデフレの時代であるので値下げでも不思議はないが、この運賃推移の中には、軽油の大幅値上がりをのみ込んでいる。バスに欠かすことのできない軽油は昭和62年（１９８７）にはリッター69円であったものが、平成20年にはリッター１６７円と大幅に上昇している。軽油代はコストの十数％を占めており、10％近いコスト増があったことになる。

この他、安全装置の取り付け、排気ガス規制強化に対応したバス車両への取り換え等のコスト増を含めて、運賃に転嫁しなかった。

原油や天然ガスの高騰に対して、電力・ガス料金は「燃料費調整部分」、航空機国際便運賃は「燃油サーチャージ制」を導入し、値上がり分を料金・運賃に転嫁する仕組みを設けている。高速バスはツアーバスを含めた競争が激しいこともあり、経営努力で吸収した。このことが、昭和63年の瀬戸中央道（瀬戸大橋）開通以降の大きな発展を後押しした。

輸送サービスの向上で1億人輸送機関へ

ニーズの多様化、需給調整規制の撤廃による新規参入の増加に対応した差別化、ツアーバスの「格安」戦略への対策として、輸送サービスの向上が積極的に行われた。高速バスでも格安便の運行が行われるようになった。長距離路線のおおむね３００キロ以上では、３列座席が多く使用されていたが、４列座席を使用（定員増）することで、１人あたりの輸送コストを下げ、低運賃化を図った。

例えば、ドリーム号（東京～大阪間）では平成13年（２００１）に４列座席「青春ドリーム」、平成17年には補助席使用でさらに格安にした「超得割青春号」の運行を開始した。

また、差別化（高級化）のために平成18年４月に２列座席の「プレミアムドリーム号」の運行も始まり（１１４頁参照）、発着地を多様化し直通輸送サービスの充実も行われた。

その後、格安便は東京～金沢、京都・大阪～広島間等でも運行されるようになった。

運賃規制の緩和により、ホテルや航空機等多くの業界で用いられている繁忙期・閑散日別、運行便別、早期購入割引等が行われるようになった。池袋～新潟間の便では最大で２倍（３１００～６２００円）の差のある運賃となっている。

乗車券の電話予約等は広く行われていたが、ツアーバスがインターネットの活用で利用を拡大していったこともあり、インターネット予約も普及した。また、運行の遅れ情報をリアルタイムに配信するバス会社もある。

バス車両でも大きく進化した。ＩＴが社会の各分野で普及していく中、ＩＴを取り入れた安全装置が多種開発された。公共輸送機関にとって安全は根幹を成すものであり、鉄道に比べて遅れている安全装置の開発は従来から試みられていたが、ITを取り入れることで、急速に進歩した。規制緩和とツアーバスの拡大により、安全問題がクローズアップされたことも、これらの開発を促した。平成10年代に入るとデジタルタコグラフや車載カメラといった情報収集・保存機能が普及し、平成20年代には、車線逸脱警報や衝突被害軽減ブレーキ等の本格的な安全装置が実用化された（251〜259頁参照）。

こうした輸送サービスの向上や、利用者の高速バスへの関心の高まりにより、ツアーバスを含めた高速バス輸送市場全体が拡大し、高速バスは平成19年度には1億135万人／年に増加し、平成20年度には1億992万人／年と1億人輸送機関に成長した（ちなみに、都市間輸送機関の雄・東海道新幹線の輸送人員は平成19年度に1億5100万人）。その後、平成20年のリーマンショック後の景気低迷、ツアーバスのさらなる拡大、東日本大震災等の影響もあり、高速バスの輸送人員は平成20年度の1億992万人／年をピークに減少し、平成23年度は1億373万人／年となったものの、1億人はキープしている。

この競争発展期では、平成13年度の事業者数169社、運行回数6018回／日、輸送人員7695万人／年に対し、平成23年度には313社（対平成13年度144社増）、1万2666回／日（同6648回増）、1億373万人／年（同2678万人増、約1・3倍）と、高速道の延

表17　高速バスの運行と輸送人員　（国土交通省資料より）

年　度	事業者数（社）	1日の運行回数（回）	年間輸送人員（千人）	高速道供用キロ（km）
昭和50年	23	453	11,216	1,888.3
昭和61年	60	1,961	34,325	3,909.8
平成８年	143	4,597	57,690	6,114.3
平成９年	153	4,827	59,705	6,385.3
平成10年	153	5,506	66,691	6,452.3
平成11年	154	5,207	66,064	6,615.2
平成12年	158	5,569	69,687	6,860.8
平成13年	169	6,018	76,955	6,948.8
平成14年	165	5,744	85,596	7,187.4
平成15年	177	5,953	83,464	7,333.5
平成16年	187	6,293	84,355	7,363.4
平成17年	200	6,521	79,048	7,389.1
平成18年	270	8,698	99,179	7,421.6
平成19年	281	9,453	101,351	7,553.7
平成20年	295	10,431	109,920	7,640.8
平成21年	299	11,405	105,820	7,788.9
平成22年	310	12,454	103,853	7,894.6
平成23年	313	12,666	103,737	8,021.3

・上記数値は各年度末現在のもの。ただし、昭和60年度以前の実績は、年間輸送人員および高速道供用キロを除き、６月1日現在のものである。
・平成17年度までは運行距離の半分以上を高速自動車国道、都市高速道路および本四連絡道路を利用して運行する高速バスとした。平成18年度からは運行距離が50キロ以上のものを高速バスとした。

伸が鈍化する中、厳しい競争を背景とした輸送サービスの向上で発展した。需給調整規制の撤廃による新規参入やバス会社の地域ごと等への分社が行われたこともあり、事業者数が約１・８倍になり、運行回数は２倍以上となった。

◇

以上のように、高速バスは「１億人輸送機関」に発展した。そして、長年続いた規制は、「新高速バス制度」により、安全に関すること以外は大幅に緩和され、自由競争となっている。また、ＩＴが安全装置、乗車券予約等各分野で活用され、バス事業の運営が大きく進化している。

これらはバスにとって、高速バスが登場しバス事業に変革をもたらした時以来の「大変革」であり、いまや高速バスは「1億人輸送機関」として「新しい時代」を迎えた。

第5章　全国に広がる高速バスネットワーク

——欠くことのできない公共交通機関に成長

高速バスが発展しネットワーク（路線網）が全国に広がり、輸送（利用）人員は、平成19年（2007）度に年間1億人を突破した。この章では、欠くことのできない公共交通機関に成長した高速バスの、全国各地域での運行状況・役割を掘り下げる。

高速バスは、国土交通省では「系統（運行）距離が50キロ以上のもの」としているが、ここでは、都市（観光地等を含む）間輸送を目的として設定されている路線を対象とすることとし、運行距離50キロ未満の路線も含めている（空港アクセス輸送は含まれていない）。

路線のデータは『高速バス時刻表2014〜15冬・春号』（交通新聞社）に基づいており、604路線である（経由地の異なるもの等を同一路線とするかしないかの決まりはなく、ここでは独自に判断しており、また、各季で変動するので、路線数は地域ごとの相対比較の目安として用いることとする）。

また、利用状況は全国幹線旅客純流動調査（国土交通省、平成22年度。以下、流動調査）を参考にする。流動調査は都道府県間（北海道は道北、道東、道央、道南に4分割し全50区間）をまたぐ流動（利用）人員で、東京・埼玉・千葉・神奈川間、愛知・岐阜・三重間、大阪・京都・兵庫・奈良間の利用は対象としていない。また、通勤・通学の利用も対象としていない。高速バスは単一の都道府県内の運行もあるのでこのデータが高速バスの全体を表すものではないが、高速

表18 全国利用人員
（平成22年）年間

	人員 千人	比率 %
バス	41,969	2.5
鉄道	266,050	16.1
航空機	75,752	4.6
旅客船	5,657	0.3
乗用車等	1,259,395	76.4
全機関	1,648,823	100.0

表20 バスシェア
（バス/全機関）

都道府県	%
徳島	8.1
高知	5.7
愛媛	5.2
長崎	4.8
香川	4.8
宮城	4.7
東京	4.7
山形	4.5
兵庫	4.0
大阪	3.9
全国	2.5

表21
バス・鉄道シェア

都道府県	バス %	鉄道%
徳島	63.0	37.0
高知	51.5	48.5
島根	46.8	53.2
鳥取	37.5	62.5
愛媛	37.2	62.8
宮崎	34.8	65.2
長崎	31.8	68.2
熊本	29.4	70.6
山形	28.4	71.6
道北	28.1	71.9
全国	13.6	86.4

表19　バスのシェア・利用回数（地域別）

地　域	バス利用人員 千人／年	バスシェア （対全機関）%	バスシェア （対鉄道）%	バス利用回数 （回／年・人）
北海道	1,741	3.4	21	0.3
東北	4,367	3.6	17	0.5
首都圏	12,302	2.2	11	0.3
北陸・信越	2,797	2.6	13	0.4
東海	2,386	1.5	6	0.2
関西	5,399	2.5	11	0.3
中国	3,119	2.6	14	0.4
四国	2,884	5.8	37	0.7
九州・沖縄	6,971	2.6	24	0.5
計	41,969	2.5	14	0.3

注　バス利用回数はバス利用人員を各エリアの人口で除した

※表18～21は、全国幹線旅客純流動調査（平成22年、国土交通省）を基に作成

バスは都道府県（道は4分割間）をまたぐ運行が多いので、傾向を読み取ることはできる。

全輸送機関の利用人員は年間16億4882万人で、利用機関別には、バス4196万人（シェア・利用割合2・5％）、鉄道2億6605万人（同16・1％）、航空機7575万人（同4・6％）、旅客船565万人（同0・3％）、乗用車等12億5939万人（同76・4％）である。バス：鉄道は14：86であり、バス：鉄道：航空機は11：69：20である。

バスのシェア（全国で2・5％）のエリア別では、四国5・8％、次いで東北3・6％、北海道3・4％である。鉄道に対するシェアは全国で14％であるが、四国は37％であり、次いで九州・沖縄24％、北海道21％である。

バスの年間・1人あたりの利用回数は全国で0・3回で、四国が0・7回、次いで東北と九州・沖縄が0・5回である。

都道府県別の鉄道とバスのシェアは鉄道短絡路線のある四国（徳島、高知、愛媛）、山陰（島根、鳥取）、九州（宮崎、長崎）等の各県が上位に名を連ねている。

札幌〜主要都市間の運行が多い「北海道エリア」

高速道は道央自動車道（函館から室蘭、札幌を経て旭川。以下、道央道）に接続する道東自動車道（以下、道東道）、札樽《さっそん》自動車道（以下、札樽道）等が開通している。
40路線があり、札幌と主要都市・観光地との間が34路線である。地域における札幌の役割がいかに大きいかを示している。

札幌〜旭川間では37往復の運行が行われ、鉄道と競っている。また、戦後、鉄道の貨物輸送（石炭）が多かったため、旅客輸送をバスで補完していた札幌〜小樽間は、鉄道で貨物輸送が減少し旅客輸送を充実させている現在でも、札樽道を利用し約１２０往復を運行する大動脈となっている。

道北・道東の主要都市、旭川と釧路を発着する多くの路線は、高速道路がなく、一般道を利用している。

日本の22%の面積を持つ北海道は、主要都市間の距離が長く、札幌から函館（道南）は約３００キロ、稚内（道北）は約４００キロ、根室（道東）は約５００キロあり、航空機路線が設定されている。これに対して、札幌〜稚内、北見・網走、斜里・知床、釧路、根室、函館間には、夜行便が運行されている。

道内の４地区（道北、道東、道央、道南）間をまたぐバスの利用人員は年間１７４万１０００人で、バスと鉄道のシェアは21：79（全国平均14：86）である。高速道の開通区間は限られているが、一般道がよく整備され、また新幹線がないこともあり、バスが健闘している。

東京との結びつきが強い「東北エリア」

高速道は東北道が縦断し、磐越自動車道（以下、磐越道）、山形道、秋田自動車道（以下、秋田道）、八戸自動車道（以下、八戸道）が横断して建設されている。これにより東北の主要都市の多くと、東京及び仙台が高速道路で結ばれている。

東北を１０４路線が発着しており、そのうち東北内での路線（発地、着地とも東北）は54と約半数で、首都圏へ38、北陸・信越へ6、東海へ2、関西へ4路線が設定され、首都圏、特に東京との結びつきの強さを示している。夜行便は約４割の41路線で設定され、他地域との距離を物語っている。

横浜・品川・浜松町～弘前・五所川原間には昭和61年（１９８６）に運行を開始し、地方都市と大都市を結ぶ夜行便として草分け的存在の「ノクターン号」が運行されており、夜行便は青森県内から東京都内へ7路線がある。上野～弘前・青森間には最も長い運行距離の昼行便「スカイ号」（７１

日本最長運行距離の昼行便「スカイ号」
（上野～弘前・青森間）

5キロ、運行時間10時間50分）が設定されている。

東北の中心である仙台を発着する便は53路線と、約半数を占めている。東京・名古屋・大阪・新潟・金沢という各地域の中心都市とともに、東北の他の5県の県庁所在地全てを結んでいる。仙台〜山形間は約80往復が運行され、公共輸送機関の中心になっている。

東北6県発のバスの利用人員は年間436万7000人、バスと鉄道のシェアは17：83（全国平均14：86）でバス比率が高い。

夜行便を筆頭に、全国とつながる「首都圏エリア」

高速道は東京を中心として東関東道、常磐自動車道（以下、常磐道）、東北道、関越道、中央道、東名道が放射状に延び、房総方面とは東京湾アクアラインで結ばれている。

首都圏（関東1都6県及び山梨）を230路線と全国の約4割が発着し、首都圏内の路線は70で、東北へ38、北陸・信越へ30、東海へ32、関西へ38、中国へ14、四国へ9、九州へ2路線が運行され、本州と四国の全府県及び九州の福岡県の合計38府県が東京と結ばれており、日本の中心都市・東京の重要性を示している。

首都圏内では、東京湾アクアラインを利用した、東京・横浜等から木更津・君津等への路線は、南房総への主力の公共交通機関となっている。

テーマパークで日本一の集客力のある東京ディズニーリゾート、木更津のアウトレットパークへの路線があり、東京〜カシマサッカースタジアム間の路線はサッカーの観客輸送も担っている。

この他、富士山麓、箱根、草津、那須等の観光地・リゾート地への路線等、多様なニーズに対応した路線がある。

首都圏のバスの利用人員は年間1230万2000人、バスと鉄道のシェアは11：89（全国平均14：86）で、鉄道が充実していることから鉄道に対するバスのシェアは低い。

ただ、もう1つの大経済圏である関西への高速バスは、その特性（直通、幅広い運行時間帯、少量多頻度、多種の座席グレード、安価等）を生かし、35路線（平成25年の新高速バス制度移行後にツアーバスから参入した路線は一部を除き含まれていない）が運行され、高速バス最激戦区でもある。

主に夜行便が平日約60、金土休日約70往復が運行され、発着地（バスターミナル、バスセンター、バス停等）は首都圏の8都県の全てにあり、関西も6府県全てにある。多くの都市間が直通路線で結ばれ（この中には東京ディズニーリゾート、ユニバーサル・スタジオ・ジャパンも含まれる）、鉄道、航空機にない乗り換えを必要としない直通サービスを提供している。

東京湾アクアラインを通って東京と南房総を結ぶ「アクシー号」（浜松町・東京～安房鴨川間）

東京～大阪間（ドリーム号）では、発着時刻も21～24時、6～9時と幅広く、新幹線・航空機より「行先地により早く到着、より遅く出発」を可能にし、座席も2、3、4列の品揃えがある。3列座席7400～9800円で新幹線の半額強であり、いかに安い移動手段であるかがわかる（124～125頁参照）。

関西発関東着のバス利用人員（昼行・夜行計）は年間129万5000人、1日平均3547人で、片道100台以上のバスが動いていることになる。

注　首都圏～京阪神間の輸送人員（国土交通省調べ）は平成20年度で高速バス116万6000人、ツアーバス115万6000人と拮抗していた。新高速バス制度の実施に伴い、ツアーバスから高速バスに参入したバス会社の多くは、『高速バス時刻表2014～15冬・春号』（交通新聞社）に掲載されていないが、現在（平成26年12月）、インターネットの予約サイト上では、東京都内発大阪府内着で120～160往復（運行日により異なる）の運行が計画されている。運賃は4列座席で1800～8000円と運行日等により大きな差がある。

3大都市圏との繋がりが強い「北陸・信越エリア」

高速道は北陸道が新潟と北陸3県を貫き、北陸道に接続する関越道・上信越自動車道（以下、上信越道）で東京方面と、中央道で長野県南部から東京及び名古屋方面と、東海北陸自動車道（以下、東海北陸道）で北陸から名古屋方面と、北陸道・名神道で北陸から名古屋及び大阪方面とを結んでいる。

北陸・信越で81路線が発着し、北陸・信越内の路線は20と少なく、東北へ6、首都圏へ30、東海へ12、関西へ13路線が設定されている。これは本州中央部の北側に位置する地理的条件から、東京はもちろんのこと、名古屋、大阪の3大都市圏との結びつきの強さを示している。なお、名古屋～金沢間は国鉄バス名金《めいきん》線として、一般道を利用して昭和41年（1966）から昭和54年まで運行された歴史を持つ。

北陸・信越5県の全ての県庁所在地と東京（新宿等を含む）、名古屋、大阪にそれぞれ路線が設定され、その多くに夜行便が運行されている。

長野県内には多くの観光地・リゾート地があり、軽井沢、上高地、白馬には新宿との路線がある。軽井沢には大阪との路線もある。

北陸・信越５県のバスの利用人員は年間２７９万７０００人、バスと鉄道のシェアは13：87（全国平均14：86）である。

［コラム］さくら道と国鉄バス名金線

国鉄バス名金線（名古屋〜金沢間）の車掌をしていた佐藤良二さんは、バス路線沿いに桜を植えることを生涯の仕事としていた。その生涯は『さくら道』（中村儀明編著、風媒社）として昭和62年（１９８７）に出版され、その後テレビドラマ化や映画化もされた。

良二さんは昭和４年に岐阜県中北部の現郡上《ぐじょう》市白鳥《しろとり》町で、兄、姉に次ぐ3番目の子として生まれ、3歳で母親を亡くした。山間部で農家を営んでいた父親は懸命に働き、寂しい家庭環境の３人の子供を、深い愛情により育て、「ボロを着て奉公せよ」と教えた。

昭和20年に鉄道省営バス（後の国鉄バス）美濃白鳥自動車区に入った良二さんは、父親の教えもあり「自分は宿命的に人のために生まれてきたような男だ」（良二さん32歳の日記）との想いに至り、車掌の仕事の傍ら、募金を呼びかけ、施設の子供のバス旅行での慰問等を実践していた。

国鉄バス金白線（金沢〜美濃白鳥）の脇を流れる庄川に御母衣《みぼろ》ダム（当時、岐阜県荘川村、現高山市）が建設され、樹齢４５０年のアズマヒガンザクラという種類の桜の大木2本（以下、荘川桜）は湖底に沈むこととなった。昭和35年に前代未聞のダム湖畔への移植が行われ、成功した。

花を咲かせた桜のもとに、湖底に沈むことになり移住を余儀なくされた人々が集まっていた。その中の1人の老女が涙を流しながら桜の木をなで、離れようとしなかった。

移植された桜の撮影に来ていた良二さんは、この光景を見て「花はそうまでして人の胸を打つものか」と感動し、「もしも、桜の花がどのバス停にもあって桜の花が停留所を飾ったら、なんと美しいバス道になることだろう」との思いを強くした。

やがて、良二さんは「自分も桜を植えよう」「太平洋と日本海を桜で結ぼう」と決意する。

金白線は、昭和41年、美濃白鳥～名古屋間が延長され名金線（名古屋～金沢間、266キロ）となった。この年、良二さんは「荘川桜」の写真を「日本さくらの会」に送り、返礼として贈られた桜の苗木を、名金線特急が発着する国鉄バス名古屋営業所の入口に植えた。これが10年間にわたる植樹のスタートである。

名金線266キロに5メートル間隔で植えると5万本となる。植えた6本のうち5本は雪や害虫により枯れる。よって、30万本という膨大な植樹計画を立てた。

以降、自らの給料をなげうち、周囲の協力も得て桜の苗木を調達し、余暇を利用してオートバイで走り回り、バス停を中心に植えた。そこには国鉄バス運転手で「竹馬の友」の佐藤高三さんの協力があった。

毎年植え続け、8年目の昭和48年3月、1000本目を名古屋城に植え、同年4月には1500本目を兼六園（金沢市）に植えた。

同年7月、愛知県がんセンターで難病「リンパ腫細網症」と診断されたが、昭和50年初めには1

700本に達し、そして2000本を植えた後、昭和52年1月、47歳でこの世を去った。30万本の植樹計画を立て、2000本で終わったことは、佐藤さんにとって無念であったと思う。でも、「バスの旅を楽しくするため」に行ったこの2000本の植樹は、空前絶後の大偉業である。国鉄バス金沢営業所、現西日本ジェイアールバス金沢営業所の「佐藤桜」は、今も見事な花を咲かせる。所員は毎年春になると、国鉄バスの先輩佐藤さんの偉業に敬意を新たにする。

国鉄バス「名金線」路線図

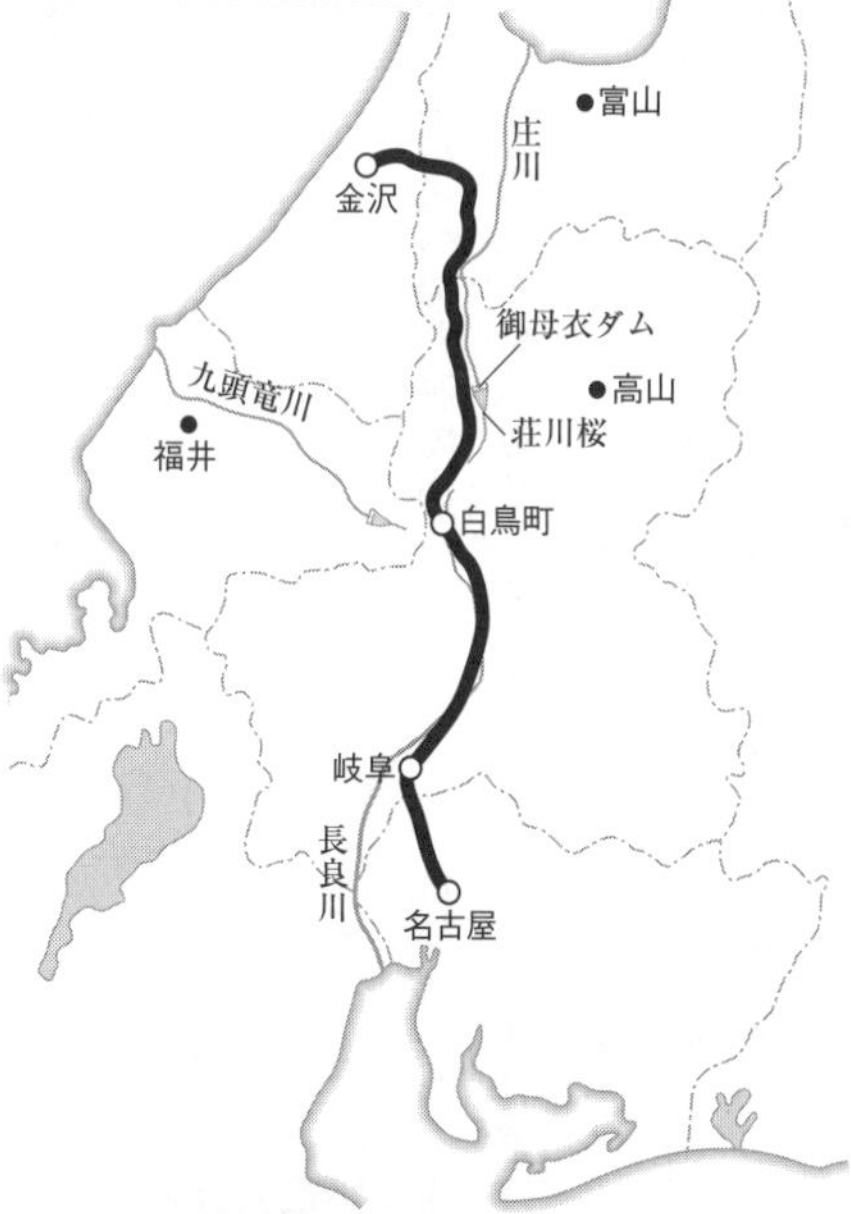

佐藤良二さんが植樹した西日本ジェイアールバス金沢営業所の荘川桜

高速道が充実した「東海エリア」

高速道は東名・名神道で東京・大阪、中央道で長野、東海北陸道で北陸方面等、他地域との高速道路網も整備されている。

高速バスはこの道路網を利用し82路線が設定されている。本州中部に位置する地理的条件から73路線は他地域への路線である。東北へ2、首都圏へ32、北陸・信越へ12、関西へ15、中国へ3、四国へ5、九州へ4路線あり、仙台から熊本までの都府県との間で運行が行われている。

静岡・浜松から東京へは40年以上の歴史を持つ東名ハイウェイバスがあり、また、新幹線を利用する場合には乗り換えが必要な静岡県内の在来線沿線都市（御殿場、沼津、富士宮、静岡市清水区等）からは、東京・新宿へ直通する路線が多数運行されている。御殿場プレミアム・アウトレットからも東京等への直通便がある。

名古屋から東京には昼行便（東名ハイウェイバス）に加え、夜行便（ドリーム号）の運行が盛んである。

関西へは50年の歴史を持つ名神ハイウェイバスで結ばれ、奈良や新宮（和歌山）への路線もある。また、静岡・浜松、名古屋・岐阜から大阪への夜行便もある。

中国へは山口を除く各県、四国は全４県と、九州は福岡、大分、長崎、熊本との間でそれぞれ夜行便が運行されている。

東海内の路線は飛騨地方（岐阜県北部）の都市・観光地と名古屋・岐阜を結ぶ路線等である。

東海４県のバスの利用人員は年間２３８万６０００人、バスと鉄道の利用比率は６：94（全国平均14：86）で、東海道新幹線等が充実しているため、鉄道に対するバスのシェアは低い。この結果、全交通機関の全利用人員に対する比率も１・５％（全国平均２・５％）と低く、バス利用は低調である。

首都圏のほか、四国への便も多い「関西エリア」

高速道は名神・中国・山陽道が横断し、北陸へ北陸道、近畿北部へ舞鶴若狭自動車道（以下、舞鶴若狭道）、南へ阪和自動車道（以下、阪和道）、東へ西名阪自動車道（以下、西名阪道）が通じている。

高速バスは１６０路線があり、関西内は34、東北へ４、首都圏へ35、北陸・信越へ13、東海へ15、中国へ26、四国へ26、九州へ７路線が設定され、首都圏との結びつきとともに、明石海峡大橋を利用した四国との結びつきの強さを示している。これらの路線で北東北３県（青森・秋田・

岩手）を除く本州・四国・九州（佐賀を除く）の都府県庁所在地と結ばれ、関西の交流の広さを物語っている。

関西と首都圏は主に夜行便で結ばれ、東海へは名神ハイウェイバスのほか浜松、静岡、観光地高山（岐阜県）への路線が延びる。中国へは、中国ハイウェイバスが大阪〜津山（岡山県）間の都市間輸送とともに、23カ所のバス停により、地域の足となっている。

四国へは明石海峡大橋経由で京阪神3市と四国4県の県庁所在地間に路線があり、松山、高知へは夜行便も運行されている。

九州へは大阪（梅田）やなんば（大阪市中央区）から佐賀を除く6県に夜行便があり、西日本の中心都市・大阪と九州全域の交流を示している。

テーマパークのユニバーサル・スタジオ・ジャパンへは、東京をはじめ各地から乗り入れている。

関西内の路線は34あり、大阪や神戸から明石海峡大橋を経由して淡路島への路線（並行鉄道がなく地域輸送も担っている）

平成元年に運行を開始した「プリンセスロード」
（新宿・渋谷〜神戸・姫路間）

のほか、白浜、城崎等の温泉地・リゾート地や神戸三田《さんだ》、滋賀竜王のアウトレットパークへの路線がある。滋賀県には名神道・北陸道という基幹となる高速道が通るが、発着する路線は３路線と、非常に低調で、全利用者に対するバスのシェアは０・５％（全国平均２・５％）と低い。

関西のバスの利用人員は年間５３９万９０００人、バスと鉄道のシェアは11：89（全国平均14：86）で、バスは明石海峡大橋を経由した四国へは活況を呈しているが、東海道・山陽新幹線等の鉄道が充実しているため低調である。

多彩な路線網が広がる「中国エリア」

高速道は中国地方の中央部を中国道が、瀬戸内海側を山陽道が横断し、関門橋から九州道へと通じ、鳥取自動車道（以下、鳥取道）、岡山自動車道（以下、岡山道）、米子道、松江道、浜田道が山陽・山陰を結んでいる。

高速バスは89路線あり、首都圏へ14、東海へ３、関西へ26、四国へ11、九州へ８路線で、中国内の路線は27である。東京、大阪への路線とともに広島を中心とした路線網を構築している。

中国５県全てから東京等へ夜行便があり、このうち「いわみエクスプレス」（津和野～新木場間、運行距離９７４キロ）は運行時間が下り15時間36分で高速バスの最長運行時間である。

東海への3路線は岡山・倉敷（昼行便・夜行便）、広島（夜行便）、米子・松江・出雲（夜行便）から名古屋への路線である。

関西へは、中国5県の県庁所在地から京阪神への路線がある。岡山北部の津山と大阪との間には歴史の長い中国ハイウェイバスがある。また、倉敷・岡山〜大阪間では、倉敷駅3時50分発・湊町BT7時35分着、湊町BT23時55分発・倉敷駅翌3時40分着の超早朝・超深夜の運行が行われている。

最長運行時間の夜行便「いわみエクスプレス」（新木場・東京・新宿〜浜田・益田・津和野間）

四国へは、瀬戸内海沿岸都市（岡山、福山、広島）から、瀬戸中央道（瀬戸大橋）、西瀬戸道（しまなみ海道）を利用して、四国4県に路線が延びている。

九州へは、中国5県の県庁所在地と福岡との間に路線があり、関門海峡を挟んで九州との結びつきの強い山口県の各市からも福岡への路線がある。

中国内の路線は地域の中心都市広島と他4県の県庁所在地をはじめ主要都市との路線がある。特に、鉄道の整備が遅れている島根県へは、一般道を利用して、昭和23年（１９４８）に国鉄バスが広島〜浜田間急行便の運行を開始し、以降、大田、津和野、出雲に拡大した歴史を持つ。

現在は、高速道が鉄道を短絡して建設され、高速バスに有利なことから、広島と松江の県庁所在地間に加え、出雲、大田、浜田、益田との間に路線があり、高速バスが活況で、島根県から広島県へのバスと鉄道のシェアは87：13である。

新幹線新山口〜東萩間には、昭和50年の新幹線開業時から新幹線に接続する防長線「はぎ号」が、現在も一般道で運行され、『JR時刻表』の「新幹線のりつぎ」頁にも時刻が掲載されている。

中国の中心都市・広島を発着する路線は32路線、全路線の約３分の１（仙台は東北の約半数が発着）である。岡山や福山といった有力な都市があることから、一極集中の路線網になっていない。

中国のバスの利用人員は年間３１１万９０００人、バスと鉄道のシェアは14：86（全国平均14：86）で、鉄道には山陽新幹線という強力な路線があるものの、バスは山陽〜山陰間輸送を担い、そのシェアは島根県47％、鳥取県38％で、中国全域では全国平均となっている。

日本一の高速バス王国「四国エリア」

高速道は明石海峡大橋、瀬戸大橋、しまなみ海道で本州と結ばれ、島内には高松道、徳島道、

表22　四国の輸送機関別利用比率　（バス利用人員は年間・千人）

県	バス 人員	バス %	鉄道 %	航空 %	旅客船 %	乗用車等 %	バスと鉄道 バス%	バスと鉄道 鉄道%
徳島	954	8.1	4.8	3.6	0.5	83.0	63.0	37.0
香川	857	4.8	16.4	3.5	3.3	72.0	22.5	77.5
愛媛	636	5.2	8.7	8.8	4.2	73.1	37.2	62.8
高知	437	5.7	5.4	7.9	0.3	80.7	51.5	48.5
計	2,884	5.8	10.1	5.5	2.4	76.2	36.6	63.4
全国	41,969	2.5	16.1	4.6	0.3	76.4	13.6	86.4

・出典　全国幹線旅客純流動調査（国土交通省、平成22年度）
・各県出発の利用人員による比率を示す

松山自動車道（以下、松山道）が東西に、高知自動車道（以下、高知道）が南北に通じ、4県をつないでいる。

高速バスは63路線あり、首都圏へ9、東海へ5、関西へ26、中国へ11、九州へ3路線で、四国内は9路線である。明石海峡大橋を利用した関西との結びつきの強さを示している。

首都圏へは4県庁所在地等から東京等へ夜行便が運行されて、東海へも4県庁所在地等から名古屋へ夜行便（徳島～名古屋便は昼行便もある）が運行されている。

関西へは明石海峡大橋を経由し、四国4県の県庁所在地から京阪神3市への路線があり、松山、高知からは夜行便も運行されている。これらの路線は鉄道路線を短絡し距離が短いこと、また、島内の鉄道の整備が進んでいないことから、高速バスと鉄道の所要時間差は小さい（徳島～大阪間はバスの所要時間の方が短い）。

これらから高速バスの利用が多く、四国～関西間の公共輸送機関のシェアでトップとなっている（バス・鉄道・航空機・旅客船＝

平成8年の運行開始当初は瀬戸大橋経由だった「さぬきエクスプレス大阪」（大阪～高松間）

表23　四国～関西間のバス・鉄道利用比率

県	バス%	鉄道%
徳島	95.8	4.2
香川	52.0	48.0
愛媛	52.7	47.3
高知	73.9	26.1
計	66.7	33.3

・出典　全国幹線旅客純流動調査（国土交通省、平成22年度）
・各県出発の関西2府4県への利用人員比率を示す

55：28：11：6）。特に、徳島～関西間でのバスと鉄道のシェアは96：4でバスが圧倒している。

さらに、四国～関西間では乗用車を含む全利用人員の41％がバス利用で、バスが最大のシェアを占めている。

中国へは、四国4県から瀬戸内海の対岸に位置する岡山、福山、広島への路線があり、九州へは高松、高知、松山から小倉（北九州市）・福岡への夜行便が運行されている。

四国内の路線では4県庁所在地を相互に結んでおり、鉄道の輸送網より充実している。

これらから、四国のバスの利用は288万4000人、全利用人員に対するシェアは5・8％（全国平均2・5％）で全国平均の2倍以上と高く、バス利用回数（人口1人あたり）も0・7回／年と高い（全国平均0・3回／年）。バスと鉄道のシェアは37：63（全国平均14：86）、特に、徳島県は63％、高知県は52％で、バスが公共輸送機関の中心になっている（愛媛県37％、高松～岡山間の鉄道の整備が進んでいる香川県は22％)。鉄道の全利用者に対するシェアは10・1％（全国平均16・1％）と低く、鉄道の整備が遅れていることから、バスにシフトしていることがわかる。

このように、四国はまさに「高速バス王国」である。

高速バスの歴史が長い「九州・沖縄エリア」

高速道は中国道・関門橋と繋がる九州道が鹿児島まで南下し、途中で宮崎道が接続する。九州道にクロスして大分道、長崎道が横断し、7県を結んでいる。

北部九州では一般道を利用した長距離バスの運行に歴史があり、昭和33年（1958）には関門急行線（博多〈福岡〉～山口間）が国鉄バス・関門急行バス（沿線5社の出資）により開始された。当時の国鉄（鉄道）はこの区間では石炭輸送（筑豊炭田からの産出）のため、輸送力に余裕がなく、関門国道トンネルの開通を機に、福岡県と山口県の鉄道輸送の「補完」として国鉄バスと民営会社とで運行が行われた（昭和52年休止）。

高速バスは60路線あり、首都圏へ2、東海へ4、関西へ7、中国へ8、四国へ3路線で、九州内の路線は36である。

首都圏の2路線は福岡から新宿、河口湖（山梨県）への路線である。平成27年5月に運行休止となった大宮への路線は運行距離が１１５５キロあり、かつては高速バスの最長運行距離だった（２２４頁参照）。

東海へは福岡、大分、長崎、熊本から名古屋にそれぞれ夜行便が運行されている。

新幹線に接続する高速バス「Ｂ＆Ｓみやざき」（新八代～宮崎間）

関西へは佐賀を除く6県から大阪やなんばに夜行便が運行されている。

中国へは、福岡と中国5県の県庁所在地との間に路線がある。関門海峡を挟んで九州との結びつきの強い山口県への路線があり、また、大分から広島への路線もある。

四国へは福岡・小倉から高松、高知、松山への夜行便が運行されている。

九州内の路線では佐賀を除く6県庁所在地を相互（大分～宮崎を除く、この区間には直通する高速道がない）に結んでおり、このうち福岡～熊本間は、昭和37年に運行を開始した歴史の長い路線であり、新幹線が開通した今日でも約90往復が運行されている。

また、福岡〜大分、宮崎間は鉄道を短絡する路線として活況である。福岡〜宮崎間には航空機が運航（15往復）されているが、バス、鉄道、航空機の利用比率は40：25：35で、バスが最大の公共輸送機関である。平成23年（２０１１）の九州新幹線の開業に合わせ、新八代〜宮崎間に新幹線に接続する「Ｂ＆Ｓ（バスと新幹線）みやざき」が運行され、やはり『ＪＲ時刻表』の「新幹線のりつぎ」頁に時刻が掲載されている。

福岡からは小倉、直方《のおがた》、唐津等の周辺都市や湯布院、黒川温泉等の温泉地・リゾート地へ、テーマパークであるハウステンボスへは福岡、長崎からの路線がある。

なお、福岡を発着する路線は34路線で全路線の半数以上を占め、九州の中心都市であることを示している。

沖縄には高速道（沖縄自動車道〈以下、沖縄道〉）が那覇近郊から北部の中心都市・名護近郊まで通じている（那覇ＩＣ〜許田ＩＣ間57キロ）。高速バスは那覇空港から那覇ＢＴを経由し、名護ＢＴまで、所要時間1時間45分で22往復（ほぼ30分間隔）運行され、重要な都市間輸送機関となっている。

九州・沖縄のバスの利用人員は年間６９７万１０００人、バスと鉄道のシェアは24：76（全国平均14：86）、バス利用回数も0・5回／年（全国平均0・3回）で四国に次ぐ高い値である。長距離バスの長い歴史と、縦横に建設された高速道を有効に活用した路線を積極的に拡充したことにより、鉄道とのシェアは宮崎県35％（福岡～宮崎間鉄道短絡路線）、長崎県32％（福岡～長崎間「九州号」、昭和41年運行開始）、熊本県29％（福岡～熊本間「ひのくに号」、昭和37年運行開始）と、都市間輸送で大きな役割を担っており、四国に次ぐ「高速バス王国」である。

[コラム] 見ているだけで楽しい高速バス愛称名

国鉄・JRでは特急・急行列車などに愛称名を付けている。鉄道は全国網の長距離公共交通機関であることから、全国的に知られた単語が使われていた。速さの象徴から鳥の名（「つばめ」「はやぶさ」）、日本の象徴（「さくら」「みずほ」）、山の名（「富士」「白山」）、地域を表す旧国名（「ひたち」「ひだ」）、地域名（「オホーツク」「有明」）等が多く使われ、夜行列車には「金星」「銀河」「月光」等の夜のイメージのものもある。

一方、高速バスの愛称名は、昭和39年（1964）に開業した名神道の路線に「名神ハイウェイバス」と付けられた。高速道（ハイウェイ）をカタカナで表記するシンプルな名称であったが、昭和44年に「ドリーム」という夢を与える愛称名が登場し、その後に少なからぬ影響を与えた。

現在、地域に密着し共存共栄を図れるように、地域の伝統や街おこしのための素材など、地域のシンボルも積極的に採用している。また、バス利用者は若年層が多いこともあり、カタカナ表記を多く取り入れている。

・**都市のイメージ**「フォレスト」（大阪～仙台間、杜の都仙台）
・**特産品**「ドリームさくらんぼ」（新宿～山形間、生産地）、「シルク」（大阪～前橋間、群馬の養蚕）、「みしまコロッケ」（新宿～三島・沼津間、街おこしグルメ）、「マスカット」（新宿～岡山間、生産地）
・**観光素材**「パピヨン」（新宿～岐阜間、岐阜蝶）、「キャメル」（品川～鳥取間、鳥取砂丘のラクダ）
・**神話・民話**「かぐや姫」（東京～富士間、広島～竹原間、富士・竹原の両市とも「竹取物語」由来の地）、「スサノオ」（東京～出雲間、出雲ゆかりの神）、「ももたろう」（岡山～出雲間、桃太郎由来の地）
・**人名**「ドリーム政宗」（新宿～仙台間、伊達政宗）、「夢千代」（大阪～湯村温泉間、夢千代日記）
・**地域名**「あぶくま」（新宿～福島間、阿武隈地方）、「やまと」（新宿～奈良間、大和）、「九州」（福岡～長崎間）
・**地域名の変形**「ラ・フォーレ」（東京～青森間、森の意）、「マロニエ」（新宿～栃木県佐野間、栃〈とちのき〉）、「プリンセスロード」（新宿～姫路間、姫と路）
・**地域のイメージ**「アクシー」（東京～鴨川間、東京アクアラインの「アクア」と海の「シー」）、「黒潮」（高松～高知間）、「なんごく」（松山～高知間）、「トロピカル」（大阪～鹿児島間、熱帯）
・**その他**「きときと」（名古屋～高岡間、富山の方言・新鮮）

さらに、夜行便には夜や旅の楽しさをイメージさせるものが多い。

・**夜のイメージ**「オーロラ」（札幌～根室間）、「ノクターン」（品川～弘前間、夜想曲）、「エトアール」（仙台～金沢間、星）、「ムーンライト」（大阪～福岡間、月光）、「ペガサス」（岡山～福岡間、北天の星座）

・**旅の楽しさ**「ファンタジアなごや」（東京ディズニーリゾート～名古屋間、空想）

このほかにも、

・**アルファベット**「Zao」（山形～新潟間、蔵王）、「TM」（水戸～土浦間）、「SORIN」（大阪～大分間、大友宗麟）

・**数字**「106急行バス」（盛岡～宮古間、国道106号利用）

・**新幹線接続**「B&Sみやざき」（新八代～宮崎間、バスと新幹線）

など多種多様で、枚挙にいとまがない。難解なカタカナは多いものの、便名を見ているだけで、それぞれの地域の特色が発見できるとともに、旅への思いを馳せられる。

第6章　高速バスの「便利でお得」と「選択の条件」とは

——選択基準は「時間差100分以内・運賃差／時2000円以上」!?

公共輸送機関には、「安全」を前提として、「速い」「便利」「快適」「安い」という輸送サービスが求められ、「速い」については「交通機関の生命はスピードである」という言葉があるように、重要視されている。高速バスの登場が注目・期待されたのも、時速100キロというそれまでになかったスピードであり、鉄道の長い歴史はスピードアップの歴史でもある。このスピードは単に最高速度を指すのでなく、所要時間を意味し、「便利」に直結することから、「便利」に「速い」の意を含め、「便利でお得」という端的な表現が、輸送機関の評価に用いられることも多い。

高速バスは鉄道に比べると、平均速度が低く所要時間が長くなるが、特性である市街地中心部への直通サービス、定員が少ないがゆえの多頻度運行、夜行便の最適時刻での運行、そして安価運賃等を生かした輸送サービスを提供することで発展してきた。ここでは高速バスと鉄道の輸送サービスを比較し、高速バスの「便利でお得」を明らかにし、そのシェアから昼行便での「選択の条件」を探る。

なお、運行データは『高速バス時刻表2014~15冬・春号』『JR時刻表2015年4月号』（共に交通新聞社）及び各社のホームページを参考にし、高速バス運賃で幅のある場合は中間の値、鉄道は特急の通常期普通車指定席利用（特急運行のない仙台~山形間は普通列車）、航空機は通常期利用（空港アクセス運賃含む）とする。

昼行バス

「便利でお得」の評価は、バスと鉄道のシェアに反映される。また、そのシェアの状況から高速バスが選択される基準を探ることで、高速バスが選択される「得意分野」がわかる。

鉄道とバスが運行され、どちらかを自由に選択する場合、時間重視で「便利（速い）」を優先すれば鉄道が、価格重視で「安い」を優先すればバスが選択される。

また、両者の「所要時間の差」と「運賃の差」により算出される「所要時間差1時間あたりの運賃差（運賃差／時）」は、経済合理性、「お得」を表し、これによる選択もある。

「運賃差／時」は所要時間差があることで「便利」さが劣るマイナスを、運賃が「安い」ことでのプラスにより補えているかどうかを表し、補えていれば（運賃差／時が一定の基準より高ければ）、経済的なメリット（経済合理性）から選択されるという考えで、その基準は各人の収入可能金額がベースになるであろう。

例えば、A地点とB地点間を鉄道は所要時間1時間、運賃5000円で、高速バスは所要時間2時間、運賃3000円で運行しているとする。高速バスを利用すると、鉄道より所要時間は1

時間長くなるが、運賃は2000円安くなる（運賃差／時は2000円）。この多く費やされる1時間が2000円のプラス（支出減）で見合うかが選択基準であり、見合えば選択される。

時間を任意に選択しアルバイトを時給1000円で行う人の場合、バスを利用するとアルバイト収入は1時間分1000円減るが、運賃は2000円安くなり、トータルで1000円のプラス効果となり、バスが選択される。時給2000円の人はとんとん、3000円の人は1000円のマイナス（支出増）となり選択されないであろう。

「便利」（所要時間）と「お得」（運賃差／時）による選択

バスと鉄道においては、所要時間と所要時間差は必ずしも比例しない。バスの所要時間が同一でも、新幹線・在来線並行、鉄道短絡等の条件により、所要時間差が大きく異なっており、シェアに影響を与えるのは所要時間差である。バスと鉄道の所要時間差、運賃差／時、シェア（注）の関係では次のことが言える。

バスの所要時間が鉄道より短ければ、運賃が鉄道より安いことから、当然、バスが選択され、シェアは非常に高い。

所要時間差が小さい（バスが若干長い）場合はバスのシェアが高く、大きくなるにつれて、バラッキはあるものの、低くなる。そして、所要時間差が100分以上になると、運賃は安くてもシェアは1桁と非常に低く、全体としてはシェア曲線でよく見られるZ型を描いている。

経済合理性の指標になる「運賃差/時」は、所要時間差に連動し、所要時間差が小さければ大きく、所要時間差が大きくなると小さくなる。2時間以上では1000円台と低い。

これらから、「交通機関の生命はスピードである」と言われるように、「便利」（速い）を重視した選択が多いとともに、若干の所要時間差があっても、「運賃差/時」が高ければ、経済合理性があり、「お得」として選択されているということであろう。

注　シェアの算出

輸送機関の路線ごとの利用人員は公表されていないものが多いので、路線の利用人員として、全国幹線旅客純流動調査（国土交通省、平成22年〈2010〉度）の都道府県間をまたぐ流動（利用）人員を用いて、シェアを算出している。

流動人員データはバス・鉄道の始終着2都市間の利用を示すデータではないが、ここでは、都府県間を代表する利用の多い路線を対象としていることから、都市間のシェアの傾向は読み取れると考える。

なお、流動調査は平成22年度で、運行データは平成27年であるため、平成22年以降、新幹線の開業等の大きな変化のあった路線は対象としていない。

表24　高速バスと鉄道の所要時間差・運賃差／時とシェア

区　間（鉄道駅間）	高速バス所要時間 時間	分	鉄道との所要時間差 分	鉄道との運賃差 円	運賃差／時 円	バスのシェア %	鉄道との関係
大阪〜徳島	2	25	-61	-6,560	ー	97	短絡・乗継
福岡〜宮崎	4	22	-59	-4,760	ー	62	短絡
仙台〜山形	1	9	-5	-210	ー	91	在来線
大阪〜鳥取	2	53	27	-3,390	7,533	59	短絡・乗継
福岡〜長崎	2	19	28	-2,130	4,564	34	在来線
新宿〜甲府	1	59	29	-2,130	4,407	26	在来線
仙台〜福島	1	11	40	-2,780	4,170	33	新幹線
大阪〜松江	4	40	50	-5,560	6,672	59	短絡・乗継
札幌〜旭川	2	20	55	-2,750	3,000	27	在来線
名古屋〜金沢	3	58	58	-3,150	3,259	23	在来線
大阪〜高知	4	48	60	-4,600	4,600	71	短絡・乗継
大阪〜松山	5	10	74	-4,500	3,649	54	短絡・乗継
大阪〜高松	3	20	79	-4,450	3,380	52	短絡・乗継
仙台〜秋田	3	35	81	-6,270	4,644	30	新幹線
仙台〜盛岡	2	24	91	-3,890	2,565	25	新幹線
札幌〜函館	5	20	106	-4,020	2,275	7	在来線
大阪〜名古屋	2	56	115	-3,560	1,857	2	新幹線
大阪〜金沢	4	34	120	-3,250	1,625	6	在来線
池袋〜新潟	5	12	186	-5,920	1,910	7	新幹線
東京〜名古屋	5	20	221	-5,840	1,586	3	新幹線
東京〜仙台	5	15	224	-7,600	2,036	2	新幹線

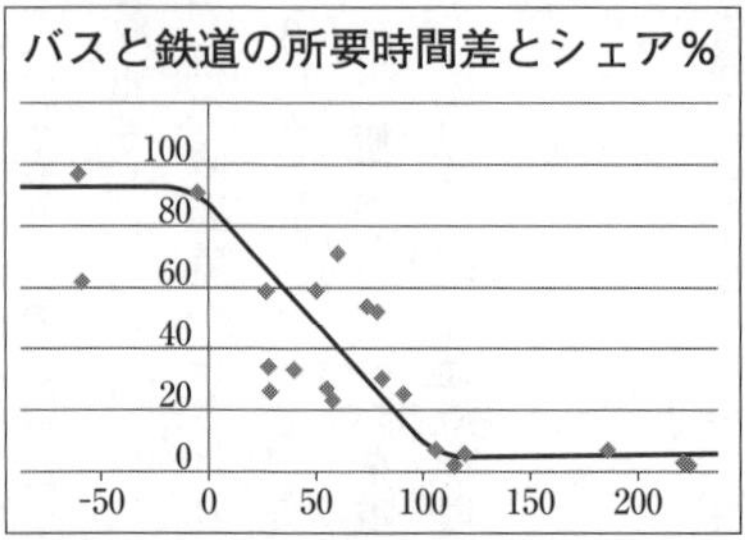

縦軸＝バスのシェア(%)　横軸＝所要時間差(分、バス－鉄道)

・所要時間は小都市朝方発、大都市着の値
・バス運賃で幅がある場合は中間の値
・鉄道運賃は通常期普通車指定席
・シェアは小都市発、大都市着の都道府県間流動人員（純流動調査、国土交通省、平成22年度）
・仙台〜福島、盛岡間は仙台市街地中心部（広瀬通一番町）着
・池袋〜新潟間の鉄道利用は東京〜新潟間
・「乗継」は新幹線と在来線の乗り継ぎ

平均時間給1862円が経済合理性による選択の指標

鉄道短絡路線はバスの運行距離が短くなることから、所要時間差が短縮（バスが短い路線もある）され、かつ運賃が鉄道に対しより低額となることから、運賃差／時はより大きくなる（「便利」のマイナスを「安い」で十分カバーしている）。

大阪～徳島間は所要時間差△61分・運賃△6560円（△はバスが短い・安いことを示す、以下同じ）でシェア（それぞれの都市のある府県間）97％と非常に高い。福岡～宮崎間は△59分・△4760円で62％である。

その他の短絡路線では、大阪～鳥取（所要時間差27分、運賃差／時7533円、シェア59％）、大阪～松江（50分、6672円、59％）、大阪～高知（60分、4600円、71％）、大阪～高松（79分、3380円、52％）間等、所要時間差が比較的小さく（約80分以内）、運賃差／時が大きくなり、シェアは50％以上で、「便利でお得」として高く評価されている。

新幹線並行路線で、短距離（150キロ以下）路線の仙台～福島間は仙台市街地中心部（広瀬通一番町）に直通することで所要時間差が40分と比較的小さく、また安価運賃（鉄道運賃の35％）の設定であることから、運賃差／時が4170円と大きくなり、シェアは33％である。

また、中距離（150〜250キロ）路線の仙台〜盛岡間も仙台市街地中心部へ直通運行することで所要時間差は91分、運賃差／時は2565円となり、シェアは25％である。なお、市街地中心部間の直通運行の効果は短距離区間で発揮しやすく、福岡〜熊本、広島〜福山間で行われている。

在来線並行路線のうち、地方線並行路線の仙台〜山形間は所要時間差△5分・運賃△210円でシェア91％である。運行本数が鉄道18往復に対しバス80往復と、バスの特性である多頻度運行を行うことで、よりシェアを押し上げ、地方線並行路線の強さを示している。

幹線並行路線の札幌〜旭川、新宿〜甲府、名古屋〜金沢、福岡〜長崎間等では、所要時間差が60分程度以内、運賃差／時は3000円以上で、シェアは20〜30％台と、競争力がある。

これらの路線の所要時間・運賃は「便利でお得」として一定の評価がされているといえよう。

札幌〜函館間は所要時間差が1時間46分、運賃差／時が2275円でシェア7％、大阪〜金沢間は高速道が琵琶湖東側を迂回し、運行距離が40キロ長いことから所要時間差は2時間、運賃差／時は1625円となり、シェアは6％である。

新幹線（最高時速が130キロとなる秋田新幹線を除く）並行の中長距離（運行距離150キロ以上の大阪〜名古屋、東京〜仙台、新潟、名古屋間等）路線は、所要時間差が約2時間以上で、運賃差／時は多くの路線で1000円台と低く、シェアは軒並み1桁（これらの路線には夜行便

仙台市街地に直通することで比較的シェアが高い「アーバン号」（仙台〜盛岡間）

が運行されているが、その利用を含め1桁である）で、２〜３％の路線もある。

これらの路線でシェアが低いのは、所要時間差が１００分以上あることが受忍の限度を超え、また、運賃差／時が低く、経済合理性が劣り、選択されないということであろう。

これらから、高速バスの昼行便が「便利でお得」として選択され、鉄道に対し、一定のシェアである2桁を保つためには、所要時間差１００分がターニングポイントであり、運賃差／時は２０００円以上が必要であろう。この運賃差／時２０００円は、労働者の平均時間給１８６２円（平成26年賃金構造基本統計調査、厚生労働省における企業規模10人以上の現金支給額32万９６００円・実労働時間１７７時間〈月間〉より算出）に近く、平均時間給が経済合理性による選択の指標になり、運賃差／時はこれ以上でないと「安さ」としての魅力がないとも言える。

この所要時間差１００分以内、運賃差／時２０００円以上を実現できるのは、鉄道短絡路線、新幹線並行路線のうち直通運行効果の高い路線や安価運賃の設定が可能な路線（一般的には短距離路線)、在来線並行路線(速度の低い秋田新幹線並行路線を含む)、特に速度の低い地方線並行路線であり、これが高速バスの「得意分野」となり発展している。

ちなみに、鉄道か航空機かを選択する基準は?

航空機の空港へのアクセス時間を含めた都市中心部(駅)間の所要時間は、東京〜大阪間では新幹線が短く、運賃(空港アクセス運賃を含む)も安い。しかしながら、航空機のシェアは21%(鉄道:航空機=79:21)ある。これは空港の近くに居住、新幹線の2時間半の連続乗車での苦痛、航空機に対するステイタス等の様々な要素によるためと思われるが、単純な都市中心部(駅)間の所要時間・運賃(経済合理性)によらない利用者が約2割いるということでもある。

鉄道の所要時間が長くなると所要時間差は大きくなり、シェアも下がり、きれいな相関である。約4時間までは、航空機との所要時間差は1時間以内で、鉄道のシェアは50%以上である。所要時間が約4時間半超(所要時間差は1時間以上)では50%を下回る。所要時間4時間付近がターニングポイントと言えよう。

東京〜福岡間は、新幹線で約5時間であるが、福岡空港の立地が良く(アクセス時間は地下鉄で5分)、航空機の所要時間が3時間強で、所要時間差が2時間弱となりシェアは15%である。6

表25　鉄道と航空機の所要時間差・運賃差／時とシェア

区　間	鉄道の所要時間 時間	分	航空機との所要時間差 分	運賃差／時 円	鉄道シェア %
東京〜大阪	2	44	-21	—	79
東京〜岡山	3	17	-6	—	80
東京〜広島	3	53	19	55,295	74
大阪〜大分	4	3	38	9,458	65
東京〜秋田	3	49	47	14,528	64
東京〜高松	4	31	65	14,603	36
大阪〜長崎	4	47	77	9,062	44
東京〜福岡	5	1	112	10,210	15
東京〜大分	6	20	136	4,478	10
東京〜高知	6	12	159	6,208	6
東京〜松江	6	14	161	5,139	18
東京〜松山	6	13	179	5,430	19

・所要時間は鉄道駅間の小都市朝方発、大都市着の値
・運賃は通常期、空港へのアクセスは公共輸送機関利用
・シェアは小都市発、大都市着の都道府県間流動人員
（純流動調査、国土交通省、平成22年度）

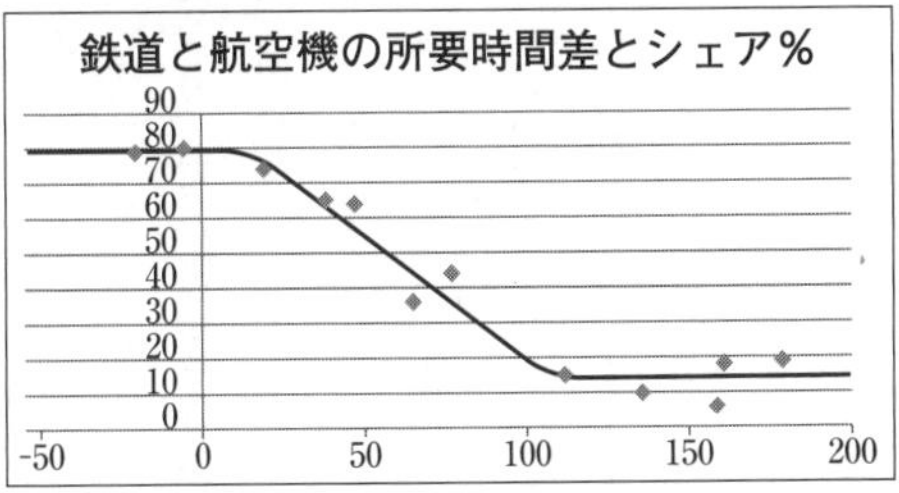

縦軸＝鉄道シェア（%）　横軸＝所要時間差（分、鉄道－航空機）

時間超は所要時間差が2時間以上となり、運賃差／時が5000円以上であるにもかかわらず20%以下（経済合理性より時間重視）となり、一定してくる。所要時間差2時間もターニングポイントであるといえる。そして、所要時間差2時間以上でも2桁のシェアがあることは安価優先・飛行機嫌いや鉄道網の便利さからの利用が一定数存在することも示している。この結果、所要時間差とシェアの関係ではきれいなZ型曲線となっている。

国鉄において、1970年代に所要時間が4時間を超えると、乗車時の苦痛が急激に増大する

と言われたことや日帰りが困難になることから、主要区間（上野〜仙台間、上野〜新潟間）で4時間以内を目指した（4時間限界説）。鉄道と航空機とのシェアはこの4時間限界説が、現在でも、シェア逆転として、存在していることを示している。

夜行バス

夜行便は昭和44年（1969）のドリーム号に始まり、長い歴史を持つが、昭和50年代には利用が低迷した。その後、昭和58年3月に3列座席を採用した「ムーンライト号」（大阪〜福岡間）、昭和61年に大都市と地方小都市路線である「ノクターン号」（品川〜青森県・弘前間）が運行を開始し、夜行便が注目を集めた。ドリーム号も昭和63年から各種の進化（113〜126頁参照）をしたことで、夜行便の価値が認識されて発展し、高速バスの「得意分野」に成長した。高速道の延伸とともに各地で運行されるようになり、今日では夜行便が全国を結んでいる。

就寝中の移動だから「便利でお得」

昼行の公共輸送機関の利用者にとって、

「行先地により早い時刻に到着したい、行先地をより遅い時刻に出発したい、行先地での滞在時間を拡大したい」とのニーズの一方で、

「早朝の出発や深夜の帰着の場合、ターミナル（駅、バスターミナル、空港）までの交通手段がない」「前日の出発や用件終了翌日の帰着では宿泊費が必要。また、前日・翌日の活動時間に制約が出る（勤務時間等に食い込む）」

等の課題がある。

また、高速バスに対しては、

「平均速度が低く、長時間乗車となり苦痛である」との課題もある。

これらに対しては、

「夜間の就寝中の移動に苦痛を感じない」「睡眠していることで長時間乗車の認識が和らぐ」

という人であれば、高速バスの夜行便が適している。

夜行便の運行ダイヤは、生活パターン、出発日や帰着日の活動に影響を与えないことや睡眠時間を考えると、20～23時に出発し、6～8時に到着する運行ダイヤが最適である。これは運行時間で7～12時間、運行距離で４００～９００キロ程度となる。この時間帯で運行されれば、新幹線や航空便より「早い時刻に到着」「遅い時刻に出発」も、ほとんどの路線で実現でき、これらの

輸送機関より「便利」となる。

また、運賃は昼行便と同額ないし、若干の高額という程度であり、新幹線や航空便より大幅に「安い」。

あえて倍以上の所要時間にする便も

夜行便は「早い時刻に到着」「遅い時刻に出発」の特性があることから、400キロ以下（昼行便では所要時間7時間以下）の路線でも、例えば、「速い」新幹線に対抗する手段として、東京～仙台、新潟、名古屋間等で運行されている。この場合、昼行便と同様な所要時間とし、出発時刻を23時過ぎ、到着を4～5時台としている路線もあるが、経由地を追加することや、途中のSAでの休憩時間を長くすることで、所要時間を7時間前後にし、「便利」なダイヤとしている路線も多い。

ユニークなのが、名古屋～大阪間である。昼行便では所要時間3時間19分であるが、夜行便が2倍以上の7時間で運行されている。新幹線（名古屋～新大阪間）の所要時間は約50分、「より早く到着、より遅く出発」のニーズは一般的には低いが、深夜・廉価志向を対象とし、運賃は高速バス4列座席3550円（昼行便は3000円、新幹線6560円）である。200キロ以下という短い距離での夜行便のモデルケースとして、興味深いものである。

表26　夜行便短時間運行で昼行便との所要時間差が小さい路線

区　間	発時刻		着時刻		所要時間		昼行便との所要時間差
	時	分	時	分	時	分	分
函館(駅)～札幌(駅)	23	25	5	25	6	00	プラス 40
新宿(駅)～仙台(駅)	23	50	5	35	5	45	0
池袋(駅)～新潟(駅)	23	5	4	35	5	30	プラス 18

表27　夜行便短時間運行で昼行便との所要時間差が大きい路線

区　間	発時刻		着時刻		所要時間		昼行便との所要時間差
	時	分	時	分	時	分	分
新宿(駅)～会津若松(駅)	23	0	6	10	7	10	プラス 155
名古屋(駅)～金沢(駅)	22	10	6	0	7	50	プラス 246
名古屋(駅)～大阪(駅)	23	0	6	4	7	4	プラス 248
鹿児島(中央駅)～博多ＢＴ	23	40	5	51	6	11	プラス 103

なお、これらの路線は23時前後の出発となるが、発地側の途中バス停の時刻が0時過ぎとなることは避ける路線が多い。0時を過ぎて、日付が変わることで、日にちの混同が生ずるからである。例えば、1日の23時に出発した便が、途中のバス停に停車し、1時に発車すると、乗車券には、2日1時と表記される。これが2日から3日にかけての深夜と誤解されるからである。名古屋～金沢便では金沢駅前発22時10分、富山駅前発23時59分、名古屋駅着6時00分のダイヤになっている。

所要時間13時間以上でも「便利でお得」

夜行便に適した所要時間の12時間で、約900キロ強の運行が可能（最長運行距離だった大宮～福岡便は運行距離1155キロで15時間5分、平成27年

5月で運行休止）である。東京からは本州・四国の全府県庁所在地をカバーすることができる。名古屋からは、南東北（宮城、山形、福島）、九州北部（福岡、大分、長崎、熊本）、大阪からは、南東北、九州全域（佐賀を除く）への路線がある。

このように、高速バスで、一部は20時以前の出発、8時以降の到着ではあるが、3大都市と全国（北海道・沖縄を除く）が結ばれている。

日本最長距離1155キロを誇った高速バス「Lions Express」（大宮・池袋・横浜～福岡間）。平成27年5月で運行休止となった

所要時間8～9時間の路線は運行可能時間帯が広くなり、より「便利」なダイヤが可能となる。東京～大阪間のドリーム号は利用が多く、運行本数の少ない平日でも10往復の運行があり、大阪発22時00分東京着6時7分から、大阪発23時50分東京着9時23分まで運行し、深夜族のニーズにも対応している。

運行所要時間が13時間以上となると、20時以降の出発、8時前の到着からの乖離が大きくなり、生活パターンからは便利さが薄らぐが、新幹線、航空機との比較では利点もある。

高速バス最長運行時間路線である、新木場（東京ディズニーリゾート最寄り駅）～津和野（島根県の観光地）間は所要時間

表28　主要夜行便の運行所要時間　（12時間台以下）

区　間	発時刻		着時刻		所要時間	
	時	分	時	分	時	分
東京（駅）～青森（駅）	21	0	6	30	9	30
新宿（駅）～金沢（駅）	23	10	7	12	8	2
東京（駅）～大阪（駅）	22	0	6	7	8	7
東京（駅）～広島（駅）	20	35	8	5	11	30
東京（駅）～松山（駅）	19	20	7	33	12	13
名古屋（名鉄BC）～仙台（駅）	21	30	6	50	9	20
名古屋（名鉄BC）～長崎（駅）	19	36	7	14	11	38
大阪（駅）～仙台（駅）	19	30	7	12	11	42
大阪（駅）～鹿児島（中央駅）	19	40	7	40	12	0

表29　行先地到着時刻（福岡～東京）

交通機関	博多駅発		福岡空港発		羽田空港着		着時刻			運賃
	時	分	時	分	時	分	場所	時	分	円
高速バス	19	10					新宿高速BT	9	25	3列13,500(中間値)
新幹線	6	5					東京駅	11	13	22,950
	18	58					東京駅	23	45	
航空機	6	21	7	0	8	35	東京駅	9	33	42,010
	20	42	21	25	23	0	東京駅	23	59	

・新幹線＝のぞみ通常期普通車指定席、航空機＝通常期（空港アクセス運賃含む）

15時間36分。この便の主要な拠点間では益田発17時55分、東京着7時53分で所要時間は13時間58分であるが、鉄道（新幹線・山口線で所要時間約6時間半）・航空機（終日で2往復）が整備されていないことで、鉄道・航空機の前日利用の場合を含め、高速バスが「早い時刻に到着」「遅い時刻に出発」であり、運賃も安く（高速バス3列座席1万3100円、鉄道2万2950円、航空機3万7780円〈空港へのアクセス運賃を含む〉）、「便利でお得」である。

東京〜博多（福岡）間運行ダイヤイメージ図（新幹線・航空機・高速バス）

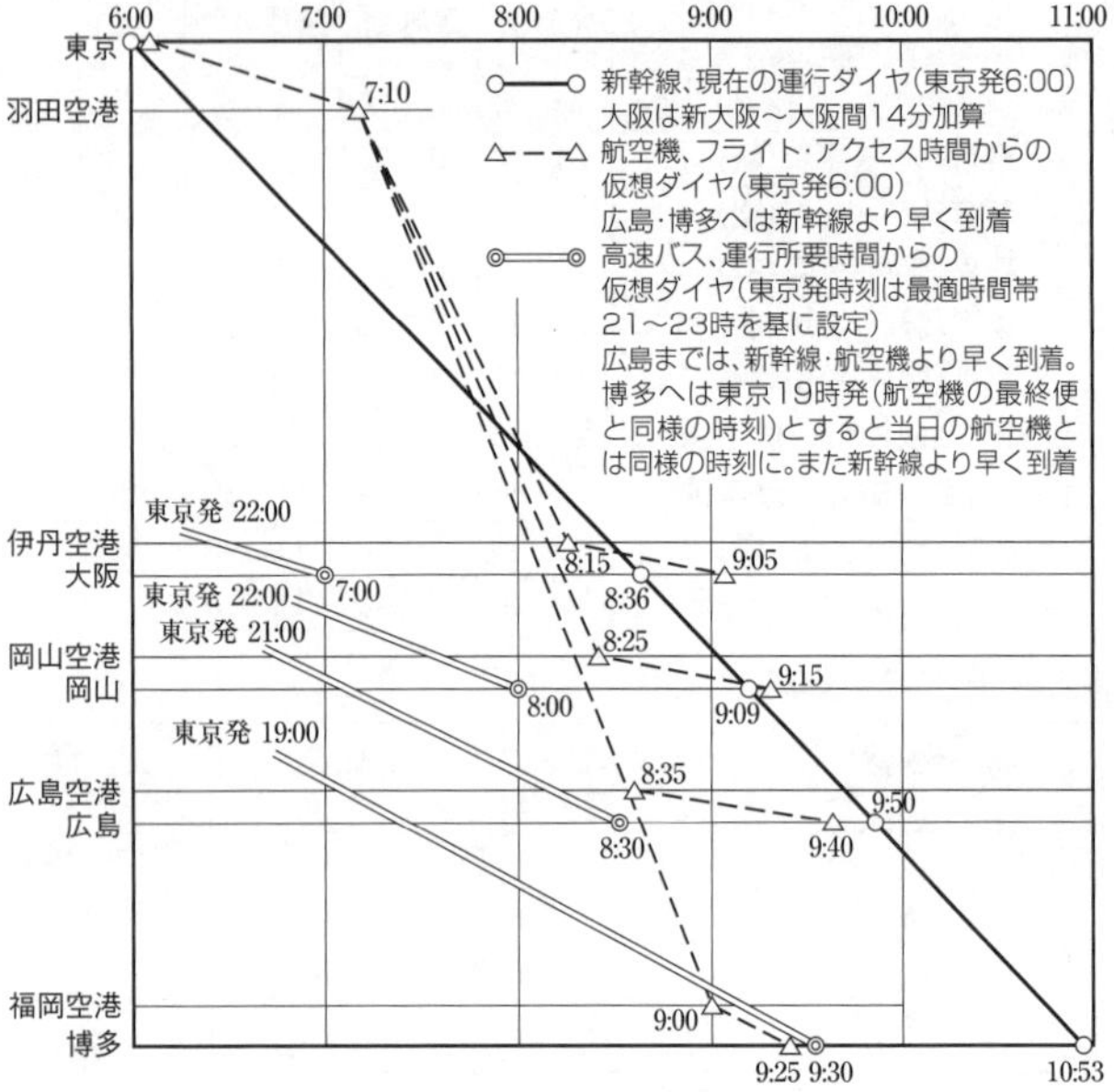

最長の運行距離（平成27年6月現在）1096キロで関東と九州を結ぶ、新宿（高速BT）〜福岡（博多BT）便の所要時間は14時間15分である。

高速バスで博多を前日（到着日を当日とする）の19時10分に出発すれば、新宿に9時25分に到着し、当日の航空機（東京着9時33分）と同様の時刻に、また、新幹線（東京着11時13分）より早く東京都内に着くことができる。一方、新幹線では、宿泊代の負担はあるが、前日18時58分の出発（高速バスと同様の時刻に）で、前日に東京に到着しており、高速バスより早く着いていることになる。

このように、13時間超の路線では、新幹線・航空機が整備されている場合は「早い時刻に到着」「遅い時刻に出発」とは必ずしもならないが、運賃差（高速バス3列座席1万2000～1万5000円、新幹線2万2950円、航空機〈空港へのアクセス運賃を含む〉4万2010円）は歴然で、「お得」感は変わらない。

「快適」に配慮した路線も多い

夜行便は夜間の長時間乗車となるため、レッグレスト・フットレスト・読書灯を備えた3列座席を使用し、洗面台の設置、ひざ掛け・スリッパの提供等、「快適」に配慮した路線も多い。

また、一部を2列座席としているバスも、東京～大阪、高松間、新宿～福岡間等で運行されている。横浜～広島間には全席2列、定員14名（パーティション、カーテンで仕切られた個室仕様）でトイレ、化粧室付きの豪華車両が運行されている。

夜行便の運賃は昼行便と同額か、若干高く、3列座席で新幹線の半額強である。「快適」な2列座席の運賃は東京～大阪間は1万～1万3300円（新幹線1万4450円）、新宿～福岡間は1万7000～2万円（同2万2950円）、横浜～広島間は1万2500～1万4500円（同1万8760円）で、新幹線に比べて、大幅に「安い」。

利用が多く複数便の運行のある路線では、一部の便で「安い」を目指した4列座席での運行もある（東京～金沢、名古屋、大阪間、大阪～広島間等）。これらはツアーバスの格安攻勢のあった区間で、東京～金沢間では５１５０円で、３列座席（８０５０円）より２９００円安い。

夜行列車vs高速バス夜行便

鉄道は大量輸送に適した輸送機関であるため、寝台列車の運行ダイヤは多くの主要駅を経由し、大量の利用者を集め、大都市駅に輸送するようになっている。これらの主要駅間の運行には数時間を要することもあり、全ての駅の時刻を夜行列車の利用に適した時刻にすることは難しい。

一方、高速バスは少量輸送のため、主要都市それぞれと大都市を直通する路線を設定することができる。各路線にとって最適な運行経路を選択し、最適な運行時刻を定め、「便利」なダイヤとすることが可能である。

平成26年（２０１４）に廃止された寝台特急「あけぼの」は夜行列車の特性が出ていた。上りは始発駅青森を18時22分、秋田を21時23分、酒田（山形県）を23時01分に発車し、上野に6時58分に到着する。青森からの利用者にとっては18時台の発車であり、便利なダイヤとは言い難い。

高速バスはこれらの主要都市から東京への直通ルートにより、青森発21時00分・東京着6時30

分、秋田発21時20分・東京着6時00分、酒田発22時15分・新宿着7時00分等、夜行便としての最適時刻（20〜23時発、6〜8時着）での運行を行っている。

下りも同様に、高速バスの発着の方が最適時刻であり、寝台特急より「便利」なダイヤである。運賃は上野〜秋田間で、列車のB寝台利用で1万8160円（運賃9030円、特急料金2830円、B寝台料金6300円）・ゴロンとシートで1万2370円であった。現在の高速バスは9400円（3列座席）で、寝台列車の座席利用より「お得」である。

寝台列車が廃止されていったのは、新幹線の延伸、航空機の発展が背景にある。加えて、高速バスの少量直通輸送を基本にした最適時刻での「便利」な運行も、寝台列車の廃止に影響を与えていると思われる。

[コラム] 日本でのダイヤの始まり

「ダイヤ」という言葉は、今日では、交通機関の運行時刻を指すものとして、広く使われているが、元々はダイヤグラム（diagram＝列車運行図表）を指す言葉であった。ダイヤは縦軸に場所（駅）を距離に合わせてとり、横軸に時刻をとり、時刻に伴って変化する列車の動きを斜線で表した、一

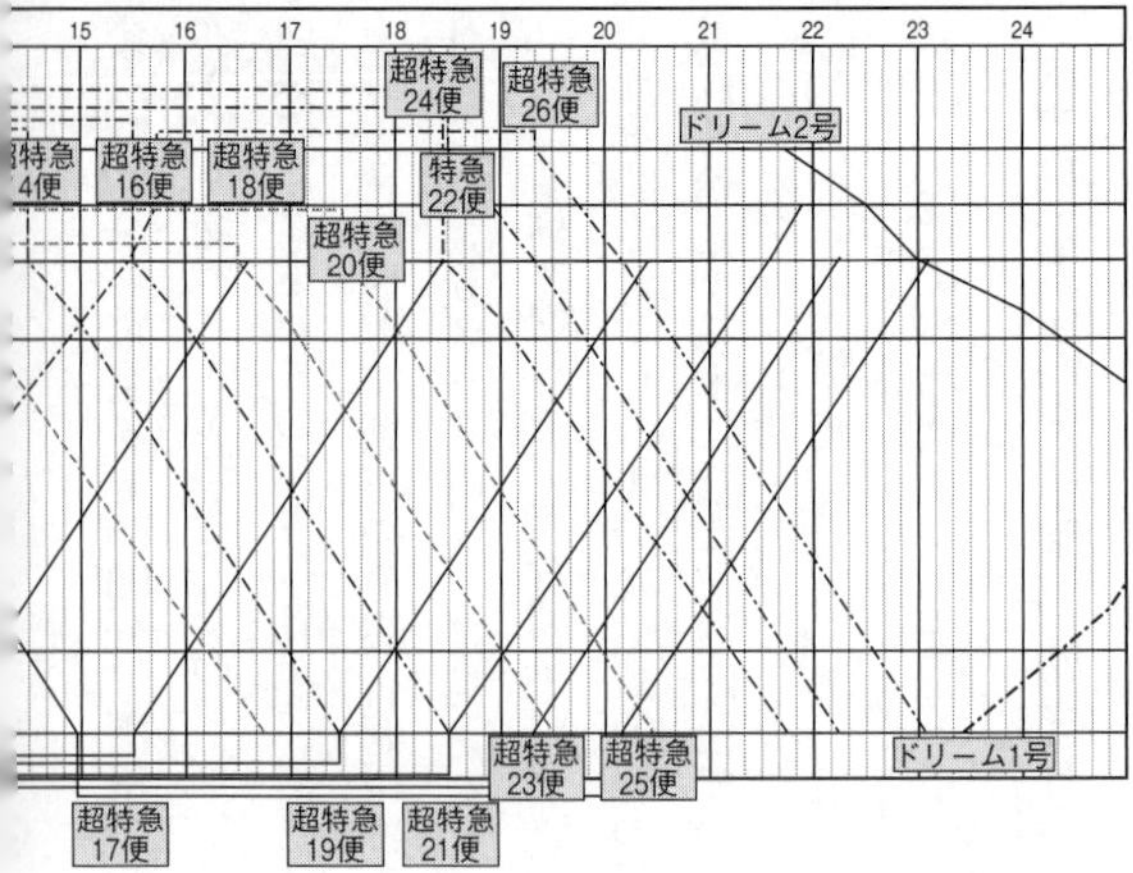

種のグラフであり、全体的な列車の位置と時刻の関係を視覚的に捉えることができる。ダイヤの発明が複雑な列車の運行計画を可能にしたと言っても過言でなく、日本での使用の歴史も長い。ダイヤを用いて運行計画を作成し、時刻表はこのダイヤを読み取り作成される。列車に用いられていたダイヤは、バスにも用いられている。

日本でのダイヤの使用は明治時代に遡り、100年以上の歴史がある。その導入をめぐっては、『列車ダイヤ』（茂原弘明著、日本交通公社出版事業局）によれば、次のようなエピソードがある。

日本の鉄道草創期である明治20年代に運行計画（時刻表）を作っていたのは、日本政府が招聘した鉄道技師、ウォルター・F・ページ氏だったが、時刻表作成の際は誰にもその作業を見せなかったという。

ページ氏に師事していた名倉角次郎と大角鉞（後の第3代東京駅長）は不思議に思い、ページ氏

名神ハイウェイバスダイヤ(1時間目)

大阪〜名古屋線【平成27年4月1日改正】

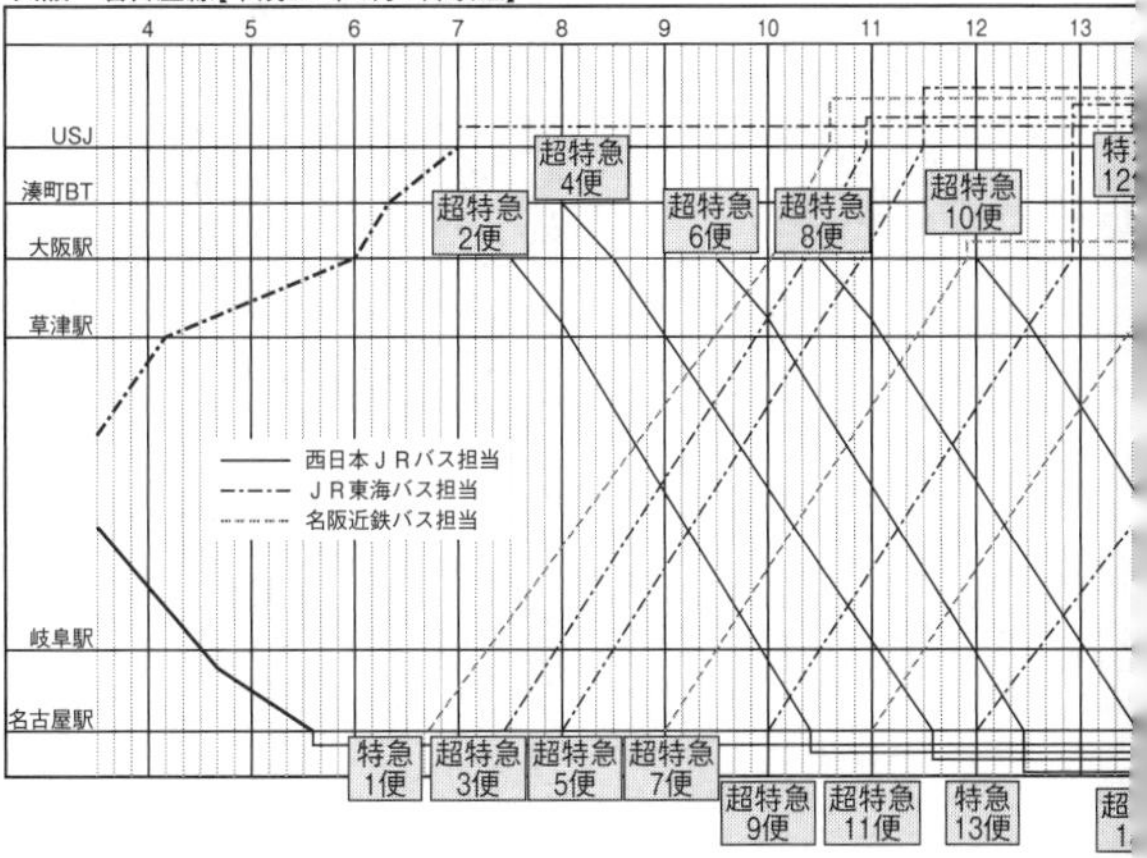

が留守の際、ひそかにページ氏の部屋に入ると、線がいっぱい書かれた図表を発見した。これを写し取り、持ち帰ってその仕組みを調べると、横軸に距離をとり、左端を起点として右へ各駅の位置を刻み、縦軸で時間を表し、斜線を入れた単純なものであったという。

苦労して手に入れたわりには、思いのほか単純なものであっただろうが、単線の多い日本の鉄道で、多くの列車を無駄なくスムーズに運行できるようにし、鉄道運行の発展を支えたのが、この図表（ダイヤ）である。２人の行動は昨今では考えられないが、先進国の文明に１日でも早く追いつこうとした当時の貪欲さが窺え、運行計画の分野の功労者とも言えよう。

なお、当初のダイヤはページ氏が使用していたのと同じで、縦軸に時刻、横軸に距離をとっていたが、明治29年（１８９６）から現在使用している、縦軸に距離、横軸に時刻へと変更されている。

■ダイヤの種類

・2分目ダイヤ

時刻を表す縦線を2分間隔に引き、列車の動きを15秒単位で表すように工夫されており列車の時刻の全てを示し、列車の計画はこれを用いて試行錯誤を繰り返して作成され、時刻表の基となる。

・1時間目ダイヤ

時刻を表す縦線を1時間間隔に引き、線区の全体像を一目で把握する場合等に用いる。路線全体計画の把握に有効であるほか、事故等の際に運行への影響を判断するのに便利であり、バスにも用いられている。

事故が発生した際、ダイヤ上に、その時刻に縦線を入れれば、各運行便がどの箇所を走行しているのか、事故の箇所に横線を入れれば、何時に事故の箇所に到達するのか、また、遅れが出た場合、行先地に到着後、折り返しの便に影響を与えるのか等を、視覚的に瞬時に知ることができる。

第7章

進化を続ける高速バスの安全対策

——法規制・ソフト・ハード対策で、より安全で安心に

バス事業に限らず鉄道、航空機等を含め公共輸送は直接「人命」に関わる事業であり、特に高速化（例えば、バスでは一般道利用から高速道利用）に伴い、ひとたび事故が起きると多数の犠牲者が出ることから、「安全」はその重要性がますます高く、輸送の根幹を成すものである。このため法律により、事業、特に安全に関わる枠組みを定めている。

ツアーバスによる吹田事故（平成19年〈2007〉2月18日、大阪府吹田市の府道でコンクリート橋脚に衝突し、添乗員1名が死亡、乗客乗員26名が重軽傷、交替運転手の配置基準を満たしておらず、長距離・長時間運転であった。貸切バスの事故に分類される）、関越道事故（平成24年4月29日、上り線藤岡JCT付近で居眠り運転により、防護壁に衝突し、乗客7名が死亡、乗客乗員39名が重軽傷）等を教訓とし、法整備が進められた。

高速バスはその開業時から、安全なバスの開発、喚呼運転等で安全の確保を図ってきた。地上設備との連携で安全を確保する鉄道には遅れをとっていたが、近年、IT（情報技術）の進歩で安全装置が開発されている。

PDCA手法（238頁参照）、ヒヤリ・ハット情報の活用（243頁参照）等ソフト手法も取り入れられ、法規制・ソフト・ハードが三位一体となって、「安全」対策を大きく進化させている。

安全を第一に求める「道路運送法」

自動車による道路運送事業（バス、タクシー等の旅客自動車運送事業、及び貨物自動車運送事業）については、「道路運送法」が定められている。

この法律は、第1条（目的）で、

「この法律は（略）、輸送の安全を確保し、道路運送の利用者の利益の保護及びその利便の増進を図る（略）」

と、安全の確保を前提とした内容で、第22条（輸送の安全性の向上）では、

「一般旅客自動車運送事業者（著者注・バスはこれに含まれる）は、輸送の安全の確保が最も重要であることを自覚し、絶えず輸送の安全性の向上に努めなければならない」

と規定している。

また、一般旅客自動車運送事業、通称、路線バス（高速バスを含む）事業を行うためには「国土交通大臣の許可を受けなければならない」（第4条）。国土交通大臣の許可基準（第6条）には「当該事業の計画が輸送の安全を確保するため適切なものであること」とあり、安全の確保があってはじめて事業が許可される。

さらに、高速バス事業者（旅客自動車運送事業者）は、輸送の安全を確保するために事業者が遵守しなければならない事項を定めた安全管理規程を、国土交通大臣に届け出なければならない（第22条の2）。その内容は、①輸送の安全を確保するための事業の、運営の方針、実施・管理の体制・方法、②安全統括管理者の選任、である。

安全統括管理者は輸送の安全を確保するための業務を統括管理する者で、その資格要件（第22条の2）は、

①事業運営上の重要な決定に参画する管理的地位であること（著者注・一般的には取締役）

②バス事業に関する一定の実務経験等を有すること（著者注・通算3年以上の経験を持つ者）

であり、そしてバス事業者は、

「輸送の安全の確保に関し、安全統括管理者のその職務を行う上での意見を尊重しなければならない」

と規定（第22条の2）し、安全に関しては、実務経験のある安全統括管理者の判断が最優先であり、一般的経営判断と異なることを求めている。

運転手の健康確認と過労・飲酒運転防止も規定

運転手、バスが所属する営業所において、日々の業務手配、健康チェックや異常時の指示を行うのが運行管理者であり、その重要性から、国土交通大臣が交付する運行管理者資格者証を有する者を選任しなければならない（第23条）と規定している。

運行管理者資格者証は、運行管理者試験に合格した者、または運行の安全の確保に関する業務について、5年以上の実務経験を有する者に交付される（旅客自動車運送事業運輸規則第48条の5）。

運行管理者には運行管理に関する権限が与えられるほか、「事業者は運行管理者がその業務として行う助言を尊重すること、運転手等の従業員は、運行管理者がその業務として行う指導に従うこと」（第23条の5）と定め、強い権限を与えている。

また、運転手に関する規定として「事業計画・運行計画の遂行に必要な運転手の確保、睡眠・休憩施設の整備、適切な勤務時間・乗務時間の設定等過労運転を防止するために必要な措置を講じなければならない」（第27条）と定め、バス事業者に重い義務を課している。

さらに「乗務しようとする運転手に対面点呼を実施し、その際、運転手の状態をアルコール検知器を用いて確認する」（旅客自動車運送事業運輸規則第24条）とあり、営業所にアルコール検知器を設置し、出勤時に検知を行っている。また、出先地での8時間以上の休憩終了後はテレビ電話（携帯電話）等と連携をとったアルコール検知器を用いて点呼を行い、酒気帯びの有無を確認している。なお、アルコール濃度は道路交通法施行令の制限値（呼気０・１５ミリグラム／ℓ）より厳しい制限値（例えば０・００ミリグラム／ℓ）を設けている事業者が多い。

官民一体となって、事故を防止

バス、鉄道、航空機、船舶の運輸事業において、ヒューマンエラーによる事故が多発していたことから、平成18年（２００６）に「運輸安全一括法」が制定され、「運輸安全マネジメント制度」が導入された。

この制度では、運輸事業者は経営トップから現場まで一丸となって、いわゆる「P（Plan）、D（Do）、C（Check）、A（Act）」サイクルの考え方を取り入れた形で安全管理体制を構築し、その継続的取り組みを行う。ＰＤＣＡは、例えば「事故防止の計画を立て、その内容を実行し、結果の良否をチェックし、新たな事故防止の行動を起こす」というものである。このサイクルをどのように回していくかが、管理体制であり、全社一丸で取り組むことを求めている。

そして、事業者の構築した安全管理体制を国土交通省が評価する「運輸安全マネジメント評価」

を実施する。評価の内容は事業者に助言するもので、強制するものでなく、事業者は評価に基づき、最善な方法を見出し自主的に行動することを求めている。

運転手の運転時間、休憩時間の改善

バスの運転手は直接安全に関わる業務に従事し、かつ早朝・深夜など不規則な勤務である。このため勤務時間等に対し労働基準法の定めに加え、各種の基準を定めた労働大臣（当時）告示「自動車運転者の労働時間等の改善のための基準」（改善基準告示）が策定され、事業者に遵守を求めている（法の定めでないため罰則規定はない）。

「労働基準法」では労働時間は週40時間、1日8時間、休憩時間は労働時間が6時間を超える場合は45分、8時間を超える場合は1時間、休日は週1日、または4週で4日である。

また、交替制勤務等に導入されている変形労働時間制では、一定期間（例えば4週間）を平均して週40時間である。

バスの運行時間は運行便ごとにまちまちであり、日々の運転手の出勤時刻、労働時間もまちまちとなる。このため変形労働時間制を適用している事業者が多いが、これに「改善基準告示」の制約を加えた労働時間管理を行っている。

「改善基準告示」では、拘束時間と休息期間等の項目が導入されている。拘束時間は始業時間から終業時間までの時間で、労働時間と休憩時間（仮眠時間を含む）の合計時間である。出先地での休憩時間は運行便の行きの到着時刻から帰りの出発時刻までとなるため、運行便により長短が生じる。この特殊性により、労働時間（運転時間）より拘束時間が大幅に延びることがあるため、拘束時間は13時間以内を基本とし、休憩時間が長い場合は労働時間を短くしなければならないようにしている。

休息期間は勤務と次の勤務の間の時間で、運転手にとって睡眠時間を含む生活時間として、全く自由な時間であるが、同時に疲労回復の面で重要な役割を持つ。十分な疲労回復のため継続8時間以上確保することを規定している。

運転時間は2日（当日と前日または翌日）間の平均で1日あたり9時間まで、連続運転時間は4時間以内で、継続する場合は30分（1回10分以上であれば分割付与も可）の休憩（非運転時間）をとる。このため高速バスで運転時間が4時間以上の路線では途中のSA等で必ず休憩をとらなければならない（2人乗務の場合は交替を行えば運転を継続できる）。

休日（公休日）労働は2週間に1回で、この結果、連続勤務は13日が限度となる。

以上が労働時間の観点からの規制であるが、平成24年（2012）に発生したツアーバスによ

東名ハイウェイバスの休憩箇所として使用される足柄ＳＡ（上り）

る関越道での死亡事故を契機として、「高速乗合バスの交替運転者の配置基準」が国土交通省により定められた。

具体的には、運転手１人で連続して運転できる距離は、昼行では５００キロ、夜行では４００キロまでとし、それを超える場合は交替運転者を配置することとした。その交替は２人が乗車していき交替するケースと、交替箇所にあらかじめ待機していて交替するケースがある。

このように過労に伴う事故の防止のために、運転手の業務の特殊性に対応した、他の職種にない「基準」を設けている。

定期的な運転適性診断と運転・整備士免許

運転適性診断は国土交通省が認定した機関（独立行政法人自動車事故対策機構ほか）が実施する診断である。旅客自動車運送事業運輸規則で、重大事故を起こした運転手にはその時、新規採用運転手にはその時、65歳以上は3年ごと、75歳以上は毎年、診断を受検させるとされている。一般運転手はおおむね3年ごとに受検することが推奨されている。

自動車事故対策機構の診断では、運転席を模したシミュレーターにより行われ、「動作のタイミング」「動作の正確さ」「注意の配分」「安全態度」「危険感受性」「疲労蓄積度」等が定量的に把握され、各個人の長所・短所が見出される。それに基づき運行管理者の指導、運転手本人による安全運転方法の検討が行われる。

「道路交通法」により、バスやタクシーの旅客運送事業を行う自動車を運転するには第二種免許が必要で、高速バスはその多くが大型自動車（車両総重量11トン以上、最大積載量6・5トン以上、乗車定員30人以上のいずれかに該当するもの）であり、大型自動車第二種免許が必要となる。

この免許の受験資格は21歳以上で、第一種普通免許等を3年以上保持している者。さらに試験科目の適性検査では、視力が左右それぞれ0・5以上、かつ両目0・8以上（普通第一種免許は左右それぞれ0・3以上、両目0・7以上）必要で、学科試験も難易度が高くなる。技能試験は合格点が80点（第一種免許は70点）とハードルが高く、プロの運転手にふさわしい身体、知識、技能を求めている。

大型自動車である高速バスの車検や分解整備を行うには、道路運送車両法により「整備士」の資格が必要である。この資格は実技、学科試験を経て、国土交通大臣により与えられ、高度の技術を持つ者である。

車検は1年ごと（自家用乗用車は初回3年、以降2年ごと）に行うほか、3カ月検査、6カ月検査が義務付けられている。

日々の車両の管理については整備管理者（資格要件は整備士3級以上であること、もしくはバスの整備管理に関する実務経験が2年以上あること）を選任し、整備管理者が車両の運行の可否を判断することとしている。

この他、車両の構造・性能等については「道路運送車両法」（24頁等参照）に定めがあり、これらの法整備により「安全の確保」が行われている。

ヒヤリ・ハット情報の活用

自動車は千差万別の道路の上を千差万別の人が運転しており、論理的に事故を予測することは困難である。過去の事故の実績から傾向を抽出し対策をとる「事故の再発防止」が広く行われてきた。その際、自箇所のみならず、他箇所で発生した事故も「他山の石」（『詩経』の「他山の石以て玉を攻《おさ》むべし」＝よその山から出た粗悪な石でも自分の宝石を磨く役には立つ、に由来し、

「他人の誤った言行も自分の行いの参考となる」の意）として積極的に活用する手法がとられた。

これは重要で、行われるべき対策であるが、すでに事故は起こっていることから、事前（事故が起きる前）に対策をとる「事故の未然防止」がとられるようになった。その際に用いられている手法が「ヒヤリ・ハット情報の活用」である。

アメリカの保険会社に勤務していたハーバート・ウィリアム・ハインリッヒは、１９２９年、工場で発生した労働災害を分析し、「１件の重大な事故・災害の背後には、29件の軽微な事故・災害があり、３００件の事故・災害には至らない危なかった（ヒヤリした、ハットした）事象がある」と結論付けた。これが「ハインリッヒの法則」と呼ばれ、現在ではいろいろな分野・業界で活用されている。

国鉄バスでは「ハインリッヒの法則」に基づく「３００×（サンビャクバッテン）運動」を運輸業界でいち早く取り入れ、昭和40年（１９６５）から行っていた。これはヒヤリ・ハットをバッテン（罰点）と名付け収集し、その対策をとり、重大事故を防止するものである。

「運輸安全マネジメント制度」（前述）において「事故の未然防止」は最重要テーマであり、その手法として、ヒヤリ・ハット情報を収集し、Ｐ（ヒヤリ・ハット情報を基にした事故の未然防止のための計画の策定）、Ｄ（計画の実行）、Ｃ（実行結果のチェック）、Ａ（チェックに基づく改善）

のサイクルを回すことを推奨している。

事故の多くはヒューマンエラー（例えば前方不注意等）に起因する。ヒューマンエラーは原因ではなく結果である。そのため、ヒューマンエラーを起こす原因を探し出さねばならない。ヒューマンエラーには類似性があり、ヒヤリ・ハット情報には原因に繋がる情報が入っている。これを活用し、ヒューマンエラーに至るプロセスを探り、対策をとることが重要である。

運転手は、運転中、他人に頼ることができず、自己の判断で行動することを積み重ねていることからも、自己の経験を重視する傾向が強い（経験していないことは弱点となる）。ヒヤリ・ハット情報は営業所単位や会社単位の全員で収集することから、多くの人の経験が凝縮された、すぐに役立つ現場に直結した貴重なデータである。この情報を分析し、対策を立て実行する。このようにして、他人の経験を取り入れて実行することは、ヒヤリ・ハットを減らし、「事故の未然防止」に繋がることである。かつ、運転手が自己の経験を重視する傾向から脱皮する上からも意義深い。

乗用車と異なる特殊な運転操縦技術の習得

乗用車は全長も短く、ホイールベース内（前輪と後輪の間）に運転席があるため、カーブ等においで運転手の動き（軌跡）と車両の動き（軌跡）がほぼ一致（平行）し、運転操縦が容易であ

バスのカーブでの軌跡イメージ（12m車の場合）

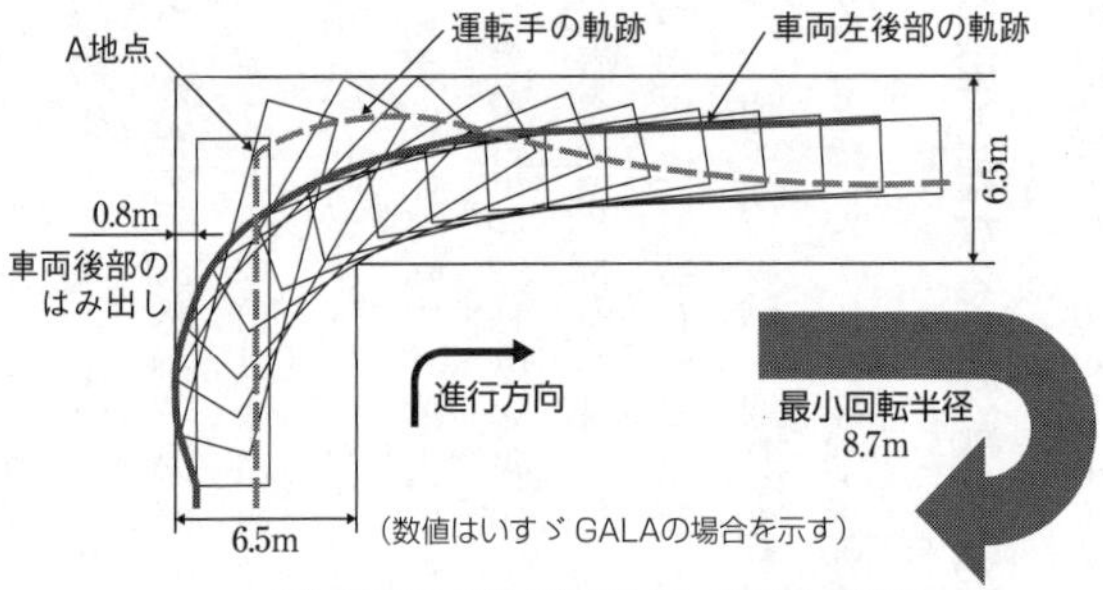

A地点でハンドルをフルに切った場合の軌跡

る。

バスは全長が12メートルと長く、フロントオーバーハング（前輪から前の部分）も長く（いすゞGALA・RU1ESBJ〈以下、同じ〉では2・6メートル）、その先端に運転席がある。カーブにおいて運転手の動き（軌跡）とバス中央部、さらに後部の動きは大きく異なる。

リアオーバーハング（後輪から後ろの部分）が長い（3・3メートル）ため、車両最後部はカーブで後輪より外側にはみ出し（最小回転半径で曲がった場合0・8メートル）、外側の建物等への接触の危険もある。

また、ホイールベースが長い（6・1メートル）ことから、内輪差（カーブで内側の後輪は前輪より内側を通過）が大きく（3・25メートル）、前輪は通過できても後輪が接触（巻き込み事故）する危険性がある。

このように、全長の長いバスは乗用車と異なる複雑な動きとなる。運転操縦にはこの動きを感覚的に体得し、とっさの時にも対処できる技術を習得する必要があり、十分な訓練を行っている。

このほかにも、直角カーブにおける道路占有幅は6・5メートルと車両幅2・49メートルの2倍以上を必要とし、最小回転半径は8・7メートル（乗用車では5〜6メートル）で、Uターンに広いスペースを必要とすることなども体得している。

「指差喚呼」「確認喚呼」とは

指差喚呼《しさかんこ》は信号機のように、安全上重要な機器等の状態を、指で差しながら確かめ、その状態を声で表現することである。国鉄（当時は鉄道省）で明治時代に始まった、機関士と機関助手の間で確認のために復唱する「喚呼応答」が発展したもので、国鉄で広く行われていた。

指差喚呼には行動に際し、指で差し、声を出すことで、意識レベルを高め、「ヒューマンエラー」を防止する効果があり、発祥の鉄道で運転士や車掌が行っているのはよく知られているが、中央労働災害防止協会が安全衛生のリスクアセスメントの危険予知訓練に「指差し呼称」として組み込んだことから、現在では運輸業のみならず、製造業、建設業のほか、医療や営業等多くの業界に広まっている。

運転手は、走行中、ハンドル操作を行うので、指差のために片手であってもハンドルから手を離すのは好ましくない。このため走行中は指差を行わない「確認喚呼」が行われ、発車時等に「指差喚呼」が行われる（電車の運転では、車両形式により異なるが、右手でブレーキ、左手でマスコン＝アクセルを操作するので、両手が同時に使われることはなく、走行中でも指差喚呼が行える）。

国鉄バスは昭和28年（１９５３）制定の「国鉄自動車運転取扱心得」で、喚呼応答の実施とその方法を定め、名神ハイウェイバスの開業（昭和39年）にあたっては、高速運転で安全がより重要となることから、ミスを防止するために確認喚呼（当時は喚呼運転と呼んだ）の徹底を図った。

指差喚呼の具体例として、西日本ジェイアールバスではバス停からの発車時に、

左バックミラー・アンダーミラー（バスの直前を映し、バックミラーと同じ場所に付いている）を指差し、発車に支障のないことを確認し「左、アンダーよし」と喚呼、

右バックミラーを指差し、発車に支障のないことを確認し「右よし」と喚呼、

自車の進路方向（前方）を指差し、発車に支障のないことを確認し「進路よし」と喚呼、

そして発車する。

「指差喚呼」「確認喚呼」を行うような安全上の基本となる、誰しもが必ず行わなければならない

行動・動作の1つひとつまたは集合体を「基本動作」と呼んでいる。この用語も国鉄で用いられ、現在では安全のみならず、業務上の基本となる動作を表すものとして広く用いられている。「基本動作」(集合体)はマニュアルであり、国鉄での安全に関するマニュアルの歴史の古さを示している。現在、あらゆる業界でマニュアル化が進められ、行動が画一化される一方、応用動作がなく、営業関係では「杓子定規で親しみがない」等の批判もあるが、「基本動作」は画一的に実行されるべきものに限定して定め、繰り返し実行することで体質化することを目指す性格のものである。バス業界でも「基本動作」という用語の使用の有無はともかく、安全のためのマニュアル化は進められている。

異常走行体験と訓練専用車

横滑りや急ブレーキ等を体験し、その危険性を知ることは安全運転を行う上からも重要である。これらの訓練を道路上で行うことは「道路交通法」で禁じられており、「自動車安全運転センター」(「自動車安全運転センター法」に基づき設立された警察庁所管の法人)の安全運転中央研修所で行うことができる。

研修所には約5キロの周回道路があり、時速100キロ程度のスピードからの急ブレーキ、横

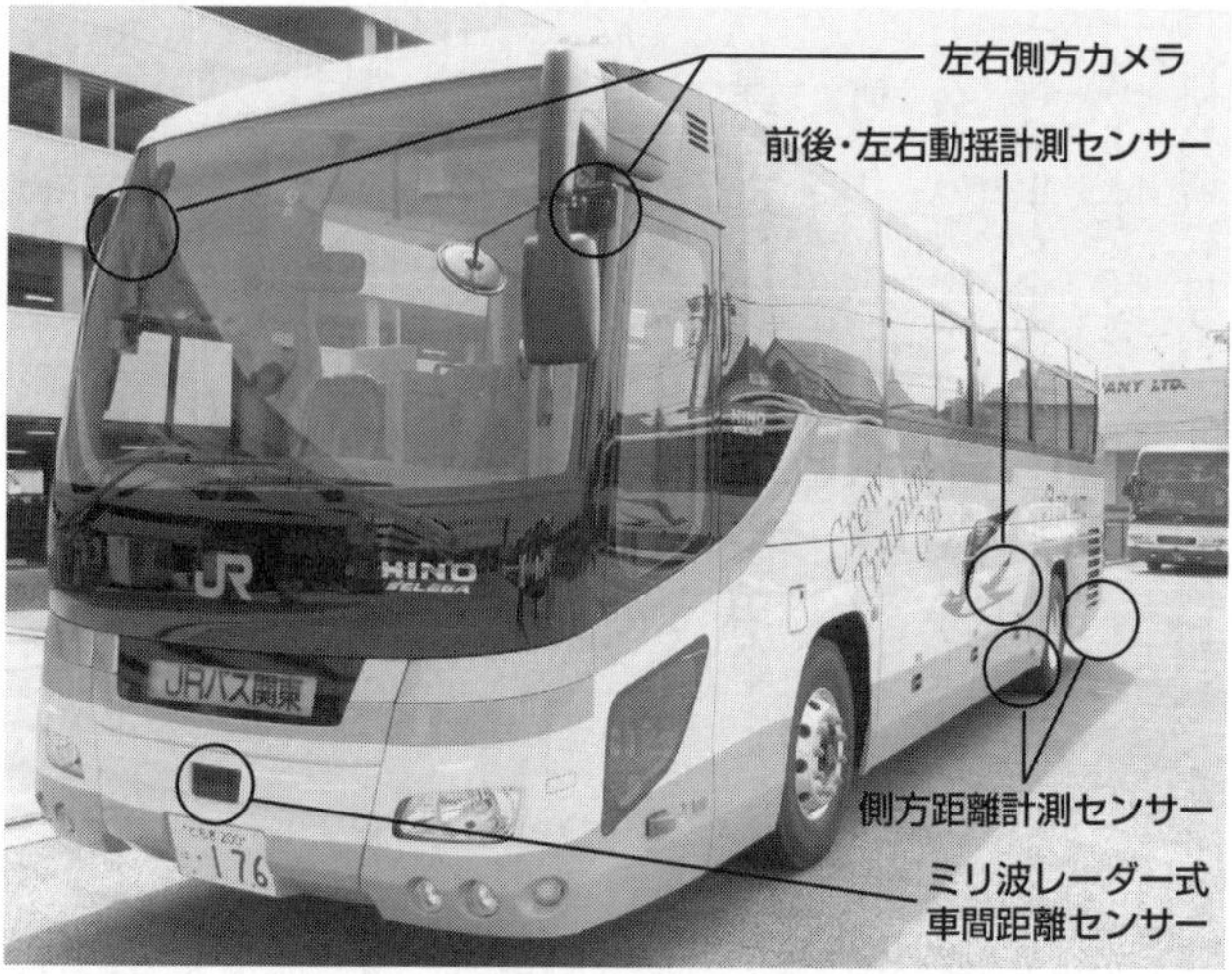

ジェイアールバス関東の訓練専用車は、車間距離センサーをはじめ、前後・左右動揺計測センサー、側方距離計測センサーなどを備えている

すべりやスリップ、スラローム（蛇行）走行、道路環境によるブレーキ効果の相違等を体験することができる。

安全運行の技量向上・指導のために訓練専用車を配備している事業者もある。ジェイアールバス関東では従来の感覚的な運転指導から、データや映像による教育・訓練を行うため、ミリ波レーダー式車間距離センサー、側方距離計測センサー、前後・左右動揺計測センサーを取り付け、そのデータを分析するシステム「e-Dress」を搭載する高速バス仕様の訓練専用車を保有している。

訓練車は同社の全ての運転手が3年ごとに1回受講する「定期研修」の際に用いられ、高速道・一般道の走行で、これらのセンサーにより得られる車間距離、側方距離、前後・左右の動揺のほか、アクセルやブレーキの踏み込み量、燃料消費量の６項目が、「e-Dress」で分析される。これに加えて、前後左右の常時録画映像や、運転手が装着したアイマークレコーダー（視点計測装置、運転手がどの方向に視点を向けているのかがわかる装置）の情報も記録される。これらのデータ・映像は、自社の「安全研修センター」で総合的に分析を行い、当該運転手の優れている点や弱点を割り出し、指導に活用される。

高速バスに搭載されている安全装置

自動車の走行中の安全は、運転手の注意力と操作技術により、ハンドルとブレーキを自在に操り、確保してきた。一方、安全と言われる鉄道では安全運行装置の歴史が長い。

鉄道は線路（レール）上のみを走行することから、先行車に追突しないようにすることで安全を確保することができる。線路を一定の間隔で区切り、それぞれの区間を１本の列車に占有させ、この区間の列車の有無を後続列車に知らせる信号機を設置している。信号機が「赤」の場合は前方の区間に列車があることであり、後続列車は進入することができないルールとなっている。信号機を無視して進入しようとすると、信号機の情報（「赤」）が車両に取り付けられたＡＴＳ（自動列車停止装置）に伝わり列車を自動的に停止させる。地上（線路）と車両が連携した安全装置である。

一方、自動車は道路という面上で、ハンドルにより自在に進路を変えることができることから、関連する情報量が多い。例えば、車線変更する場合は自車線と変更先車線の情報があり、他車も自在に走行するため並走車、後続車の情報もある。また、「もらい事故」に繋がるような緊急の情報もあり、鉄道より大量で複雑である。このため、制御（運転操縦）も複雑となる。

また、道路に鉄道のように一定の区間を1台の車に占有させることはその設備のコスト面からも、通行可能量が減少してしまうことからも不可能であり、地上（道路）と車両が連携することは困難であった。

そのため、車両のみで大量で複雑な情報の処理を行わなければならず、本格的な安全装置の開発は遅れていた。近年、これを解決に導こうとしているのが、ＩＴである。センサー（検知器）技術とコンピューターの高速処理を駆使し、運転手に危険を知らせる装置や自動的にブレーキが作動する装置が実用化されている。

バスの安全対策に活用された機器として、古くは昭和39年（１９６４）の名神ハイウェイバス開業時に取り付けられていた運行記録計（タコグラフ）がある。記録紙に運行速度、エンジン回転数、走行距離の時間的経過を、運行時間24時間（または12時間）分、記録する。運転手に対し、乗務後、この記録に基づき主に運行速度（特にスピードオーバー）の指導を行っていた。

平成12年（２０００）頃から、運行速度、走行距離、エンジン回転数に加え、加速度、減速度、使用ギア等の運行に関わるデータを詳細に電子保存する「デジタルタコグラフ」「デジタルレコーダー」が実用化された。また、車両の前後左右の状況を撮影し保存する「車載カメラ」「ドライブレコーダー」も設置された。

これらで安全に関する情報の「収集・保存」が大きく進歩し、そのデータにより運行状況が確実に再現できることから、運転手の安全運行技術の向上に活用された。

この「収集・保存」の技術をさらに発展させ、今日では、安全のためのリアルタイムな「警報」「自動停止」の装置が多種開発され、事故の多くを占める「ヒューマンエラー」対策が進んだ。

次の項目の「車線逸脱警報」から「ドライバーモニター」までの具体的内容は「いすゞＧＡＬＡ」を参考にしている。

■車線逸脱警報

関越道事故（防護壁に衝突）では、当然のことながら、事故の直前に車線を逸脱していた。高速道は車線の区分を白線で明示しており、車線逸脱警報はこの情報を活用するもので、地上と車両が連携した装置である。車両の前部に取り付けられた車載カメラ（画像センサー）により撮影

車線逸脱警報のイメージ

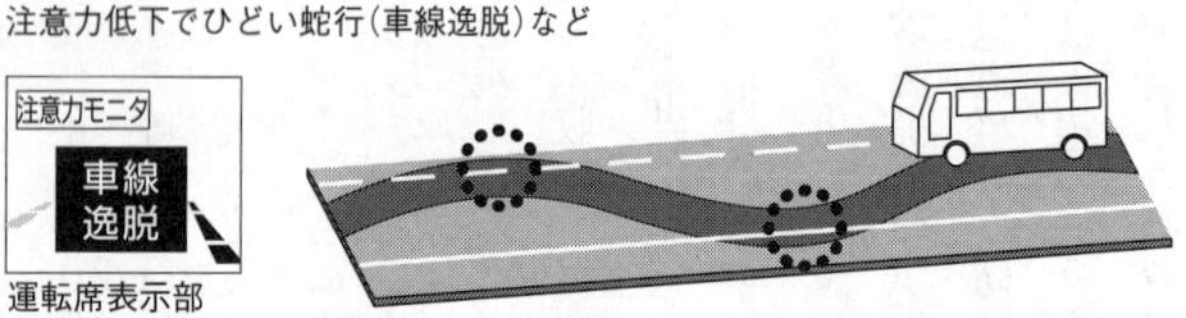

注意力低下でひどい蛇行(車線逸脱)など

された白線の画像を分析することで、車線に対する車両位置を検出し、運転手の意図的でない（方向指示器を出していない）車線変更（逸脱）が行われた（「車両保安基準」の機能要件は「時速60キロ以上で30センチ以上の逸脱」）場合に警報音及び運転席への表示（以下、警報音等）により、運転手に注意を喚起する。

この装置は平成29年11月以降の新型車から、高速バスへの装着が義務付けられる。

■車間距離警報

車両の前面に取り付けられたミリ波レーダー等の検知器（注）により、先行車との車間距離や相対速度（速度差）を計測し、安全車間距離以下になった場合に警報音等を発する。

なお、この先行車との車間距離を計測する機能を利用し、自動ブレーキ・自動アクセル機能を組み合わせた「車間制御」（先行車との車間距離を自動的に維持。長時間運転時の運転手の疲労を軽減し、安全運行をサポート）の機能も開発されている。

注　検知にはミリ波レーダー（波長１～10ミリを使用し、耐環境性に優れ、天候変化等に強いため広く用いられている）のほか、赤外線レーザー、カメラ（画像をコンピューター処理）が用いられている。

■衝突被害軽減ブレーキ

「車間距離警報」の機能を発展させたものである。計測された車間距離に応じて出された警報に対し、運転手による必要な操作が行われなかった場合に、自動的にブレーキを作動させるもので、先行車が動いている時の「対先行車両衝突回避」機能と、停まっている時の「対静止車両被害軽減」機能がある。これらの機能の要件は「車両保安基準」に定められ、「対先行車両衝突回避」機能は「自車が時速80キロで走行時、時速30キロの先行車両判定から減速を開始し、先行車に衝突しないようにすること」と定められている。これに基づき、具体的には次のようなステップとなる。

①ミリ波レーダーが先行の低速走行車両（自車速度と連続的計測により先行車両の速度を算出）を検知し、追突の恐れがあると判断すると運転手に警報。

②進行し追突の危険が高まる（自車速度と先行車速度から安全車間距離を算出し、その値を下回った時）と警報に加え衝突回避目的のブレーキが自動的に作動。

③さらに追突の危険が高まると、より強い警報を発するとともに、回避目的の強いブレーキを

対先行車両衝突回避ブレーキの作動イメージ

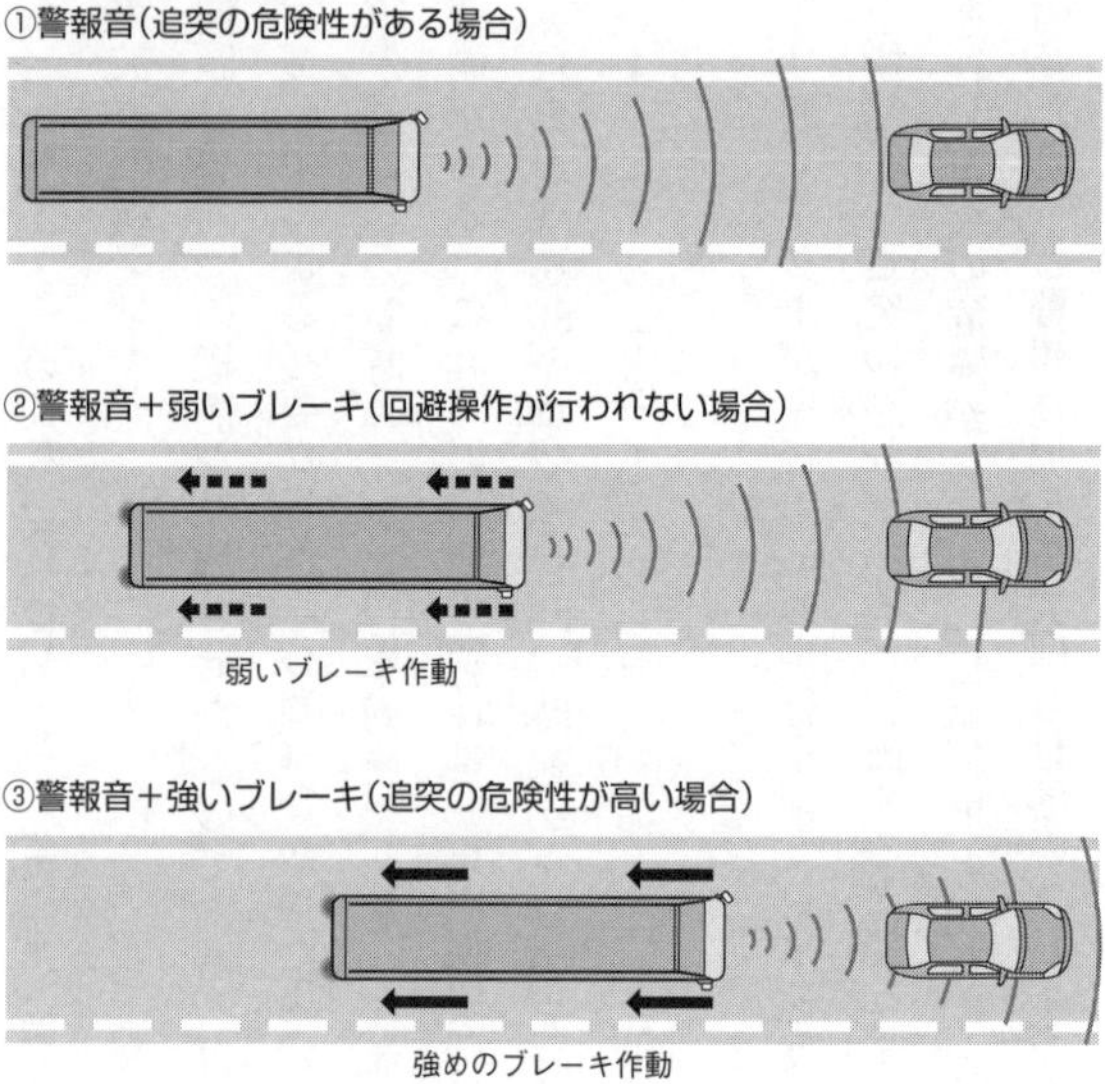

作動させ、衝突回避をサポートする。

自車が時速80キロで先行車が時速30キロ以上の場合は衝突が回避され、自車が時速80キロ超、または、先行車が時速30キロ未満の場合は衝突するが、自車速度が低下しているため、被害は軽減する。

また、「対静止車両被害軽減」機能の要件は「自車が時速80キロで走行時、静止車両判定から減速を開始し、速度を時速10キロ以上減速すること」と定められている。具体的には次のようなステップとなる。

①ミリ波レーダーで先行車（停止）を検知し、追突の可能性があると警報

と弱いブレーキで運転手に注意を喚起（先行車が停止しているため、自車の速度が速度差となり、速度差が大きいので検知と同時に弱いブレーキを作動）。

②運転手による危険回避（ブレーキ、車線変更）が行われず、追突が避けられないと判断すると強いブレーキをかけ、車両の前面に設置したセンサーが衝突を検知すると、フルブレーキが作動し追突被害を軽減。

この装置は平成26年11月以降の新型車から装着が義務付けられている。

■車両安定制御装置

ハンドルを回した角度を計測するステアリングセンサー、車両の回転速度（車両を上方から見た時の回転の速さ）を計測するヨーレートセンサー、車両の加減速度を計測する加速度センサー等の装置で走行中のバスの横転、スピン、ドリフトアウト（カーブを進行中に外側に飛び出す現象）の危険性を検知した場合、運転手に警報し、エンジン出力を制御するとともに、前後左右のブレーキを個別に制御し回避操作をサポートする。

この装置は平成26年11月以降の新型車から装着が義務付けられている。

■車両ふらつき警報

運転手が眠気等で注意力が散漫になると、車両がふらつき、蛇行することが多い。ステアリン

緊急通報装置作動スイッチを押すと、右写真のように前後の行先表示に「異常事態発生」が表示され、左写真下の青色フラッシュライトが点滅する

グ（ハンドル）に取り付けたセンサーで、ステアリングの操作量を検出し、通常と異なる蛇行状態になると、ふらつきと判断して警報音等を発する。

■ドライバーモニター

運転席前部に取り付けたカメラにより、走行中の運転手の顔の向き、瞼《まぶた》の開度を検知し、正面を見ていない、瞼が閉じている時に、前方注意力不足（居眠り等）と判断し、警報音等を発する。

■バスジャック対応機器

平成12年5月、高速バスでバスジャックが発生し、佐賀から広島まで走行、人質となった乗客1名が死亡する事件があった。このため、バスにはバスジャックの発生を外部に点滅で知らせる「青色フラッシュライト」を設置し、併せて、デジタル行先表示器に異常発生を表示する「緊急通報装置」が取り付けられている。

■エンジンルーム自動消火装置

エンジンは高熱を発するため、火災を起こす可能性がある。高速バスのエンジンは運転手の後方10メートル以上のところにあるため、火災の発生を運転手が直ちに発見することは困難であり、発見しても消火するにはバスを高速道路上の安全な場所に停車させ、後方に行き消火器を用いて行うため、時間を要することとなる。このため、自動消火装置が開発されている。古くは昭和44年（1969）の東名ハイウェイバス開業時に搭載された。

現在、ジェイアールバス関東、ジェイアール東海バス、西日本ジェイアールバスのドリーム号等で使用されている装置では、エンジンルームで発生した火災による高温をセンサーで検知し、運転手に警報を発し、同時に、消火剤を含んだ水を霧状にしてエンジンルームに噴射し、酸素を遮断するとともに、温度を下げて消火する。霧状にすることで小型・軽量化が図られている。

フェールセーフ、フォールトトレランスとは

フェールセーフ（Fail Safe）は機器や部品類が故障した時に、機器や部品が含まれている装置・システム全体に波及し事故に至ることのないよう、安全側（事故を発生させない方向）に作動するよう設計する思想である。

鉄道においては、「走行」より「停車」が安全であり、「安全側」が明確であったため、この考え方が広く用いられてきた。例えば、安全上欠かせないブレーキは圧縮空気で作動するが、ブレ

ーキに空気を注入するとブレーキが解除され、空気が抜けるとブレーキがかかる（停車する）機構となっている。このため、圧縮空気をつくるコンプレッサーの故障や空気ホースからの漏洩が発生し、空気を送れなくなる故障が発生すると、安全側である「停車」となる。また、信号機は故障すると信号回路が遮断され「赤」を表示し、ＡＴＳ（自動列車停止装置）の地上側（発信器）が故障すると車両は「青」を受信できなくなることで「赤」と同様の扱いとなり、踏切遮断機は停電すると自然落下で「閉」となる等のフェールセーフ設計となっている。

航空機のように「停止」すれば墜落してしまう等、「安全側」が明確でない場合は、故障しても、最小限の機能が維持できるように設計する（これをフォールトトレランス＝Fault Toleranceという）。航空機はエンジンを複数搭載し、1つが故障しても飛行を継続できるようにしている（自動車ではエンジン故障時は停車すればよいので、複数は搭載していない）。コンピューターシステムも停止できないので多重化が用いられ、電源の二重化、バックアップ機器の設置などが行われている。

バスにはフェールセーフとしてマキシブレーキがあり、フォールトトレランスとして主ブレーキでの前輪と後輪の作動機構の分離がある（45頁参照）。

高速バスの事故ゼロを目指して

『国鉄自動車五十年史』によると、名神ハイウェイバスは開業から4年間無事故という素晴らしいスタートで、その後も高速バスは事故防止に努めてきた。

しかし、平成17年（２００５）に磐越道で高速バスが中央分離帯に衝突、横転し、乗客３名が死亡するという事故があった。また、ツアーバスで、平成19年に吹田市内（府道中央環状線）において、長野県から大阪に向かうスキーバスが橋脚に激突し、添乗員１名が死亡したこと等を受け、国土交通省は平成21年に事業用自動車（バス、タクシー、トラック）総合安全プランを策定した。

その目標として、

①10年間で死者数半減（平成20年５１３人を10年後に２５０人）
②10年間で人身事故件数半減（平成20年5万６２９５件を10年後に3万件）
③飲酒運転ゼロ

を掲げ、ＡＳＶ（Advanced Safety Vehicle＝先進安全自動車）技術の普及、新たな技術の開発等を進めることとした。

「自動車運送事業用自動車事故統計年報」（国土交通省自動車局）によると、事故の多くはトラックであり、路線バスでは磐越道での事故後の平成18年から平成25年の8年間における、高速道路上での事故による乗客の死亡はゼロ、重傷は12名であった。これは高速バスの安全性のレベルを表していると言えよう。

残念なことに、平成26年3月3日に北陸道の小矢部川ＳＡで高速バスが駐車中の大型トラックに衝突し、乗客・運転手2名が死亡、26名が重軽傷の事故が発生した。

平成26年11月以降の新型車から装着が義務付けられている衝突被害軽減装置で、走行する前車両への追突は防止もしくは軽減される。また、車線逸脱警報装置も平成29年9月から装着が義務付けられ、追突等に関する安全性は大きく進化する。北陸道事故も、これらの装置が装着されていれば、防止もしくは軽減できた事故である。

高速バスは総合安全プランの推進、安全新技術の活用でより安全性が高まり、死亡事故ゼロの実現に加え、重傷事故ゼロも見通すことができる。安全と言われる鉄道に近づき、さらに「安全で安心」な公共輸送機関になることが十分期待できる。

おわりに

高速バス50年の歴史は日本の歴史の凝縮でもある。その歴史はインフラ（道路）整備、技術革新、公営企業の民営化、バブル・デフレ景気、原油の高騰、規制緩和、ＩＴの発達、安全基準のレベルアップ等で言い表わされるが、高速バスにとって順風もあれば逆風もあった。これらを活用し、乗り越え、年間1億人輸送機関に成長した。そして、現在ではＩＴが隅々まで導入され、事業の運営が大きく変化し、「新しい時代」に入ったが、新幹線の延伸、ＬＣＣ（Low Cost Carrier＝格安航空会社。運賃は高速バス夜行便と大差がない）の拡大という競合輸送機関の充実の中で、それらに勝る輸送サービスを提供するためには課題も多い。

まず、「安全」である。かつて、「人の命は地球より重い」と表現した首相がいた。その重さは無限大であり、「安全」への道は終わりがない。安全装置の開発は急ピッチで進んでいるが、現段階では、特定の事象に対し危険と判断した時の警報と一部の停止機能である。道路面上でハンドルを操り自在に動くバスは、レール上の発車・停車の制御で安全が確保できる鉄道と異なり、その複雑な動きのため大量の情報処理と多岐にわたる制御が必要である。安全装置をこれら複雑なすべての事象に対応することでヒューマンエラーを防止し、さらに「もらい事故」に繋がる他車の動きを予測する機能に拡大（自動運転に近い機能）することで安全性を高め、安全と言われる鉄道の域に達するには、まだ先が長い。困難を克服しハイレベルの安全装置を開発することで、一日も早く鉄道に負けない「安全」な公共輸送機関になることを期待する。

次に「速い」について。「交通機関の生命はスピードである」と言われるくらいスピードは重要である。新幹線は時速320キロで運行され、北陸新幹線（長野〜金沢間）が平成27年3月に開業し、さらに、延伸が続く。新東名高速道路の設計最高速度は時速120キロと聞くが、バスの高速道の最高時速100キロを向上することは望めず、ハンデが増す。スピード以外の高速バスの利点をきめ細かく活用する知恵と工夫で「便利」をはじめとする輸送サービスの向上が求められる。

同様にアキレス腱ともいえる道路渋滞に伴う「運行遅延」対策も、バス事業者にとって抜本策は困難で、全般的な輸送サービスの向上で対処せざるを得ない。

一方、高齢化社会に入り、スピードもさることながら、乗り換えのない直通の利便性がより重視され、バスが有利になる。その際の課題は「快適」に繋がる乗り心地とバリアフリーである。

乗り心地の悪さは道路の凸凹のため発生し、サスペンションの改良で改善しているが、平滑な鉄のレール上を走る鉄道には及ばない。一層のイノベーションが望まれる。

バリアフリーに関しては、車高調整装置（クラウチング）で乗降口の高さを下げているが、低床バスが開発されている一般路線バスに比べると遅れている。

高齢化とともに労働人口減少の時代に入り、運転手の確保も大きい課題である。不規則で、夜行バスという深夜の勤務もあり、かつ事故の可能性のある運転手という職業が敬遠されるようになってきた。運転手確保のためにも「安全」の向上により、安心して働ける職場にすることが必要である。

運転手の確保のために大幅な待遇改善を行うことは事業のあり方に直結する。高速バス事業の経費の半数近くと大きな比重を占めるのが人件費である。その増額は運賃に跳ね返ることにもなりかねない。鉄道に対し「安い」運賃をセールスポイントにしてきた高速バスにとって、その値上げは事業のあり方に発展する課題である。今後も続く可能性のある軽油値上がりへの対応を含め、その解決のためには、原点に戻った、事業の「再構築」が必要となろう。

筆者の高速バスとの出合いは、51年前、バス車体メーカーの設計者として、名神ハイウェイバスの開業用のバス製作に携わったことである。その性能の高さに目を見張り、次いで登場した東名ハイウェイバスでは、傾斜窓の斬新さから高速バスの未来に明るさを感じた記憶がある。

その後、国鉄・JRの鉄道輸送計画メンバーの一員としてライバル高速バスを観察し、旅行業の担当者としては高速バスを利用する立場を体験し、さらに、バス事業の経営に携わった。

本書はこれらの経験の中で得られた知識を中心に構成した。細かい裏付け資料の乏しいものもあり、想定や抽象的な記述もあるが、高速バスの概要・全体像は読み取っていただけると思う。そして「安全」で「便利でお得」を理解していただき、「高速バスファン」が増えれば幸いである。

50年間の発展を担ってきたバス事業者、バスメーカー、行政をはじめとする関係者のご労苦に敬意を表するとともに、課題を解決し「新しい時代」にさらに発展することを切望している。そして、利用者の皆様には感謝を申し上げる次第である。

最後に、本書の出版にご支援をいただいた西日本ジェイアールバス 宇都宮道夫社長・助田勝彦取締役、ジェイアールバス関東 渡邊綱一郎常務、ジェイアール東海バス 木學康充前社長、及び編集にご尽力をいただいた交通新聞社 長森利春顧問・土屋広道氏、交通新聞サービス 林房雄社長に、この場を借りて心より感謝申し上げる。

平成27年8月　和佐田貞一

主要参考文献・資料

『国鉄自動車五十年史』（日本国有鉄道自動車局、昭和55年）
『国鉄自動車四十年の歩み』（国鉄自動車研究会、自動車交通弘報社、昭和49年）
『西日本ジェイアールバス25年史』（西日本ジェイアールバス、平成25年）
『ジェイアール東海バス25年史』（ジェイアール東海バス、平成25年）
『中国ジェイアールバス25年史』（中国ジェイアールバス、平成25年）
『つばめマークのバスが行く』（加藤佳一、交通新聞社、平成26年）
『日本のバス事業』（日本バス協会、各年）
『自動車のしくみ』（水木新平、ナツメ社、平成14年）
『さくら道』（中村儀朋、風媒社、昭和62年）
『東海道新幹線50年』（須田寛、交通新聞社、平成26年）
『国鉄有情115年』（瀧久雄、日本交通文化協会、昭和62年）
『鉄道のスピードアップ』（小野純朗、日本鉄道運転協会、昭和62年）
『列車ダイヤ』（茂原弘明、日本交通公社出版事業局、昭和58年）
『運転設備』（運転設備研究会、日本鉄道運転協会、昭和54年）
『電車基礎講座』（野元浩、交通新聞社、平成24年）
『運輸白書』（運輸省、各年）
『バスカタログ』（いすゞ自動車、平成26年）
『高速バス時刻表』（交通新聞社、各号）
『JR時刻表』（交通新聞社、各号）
バス・鉄道・航空機各社提供資料及びホームページ

和佐田貞一（わさだ　ていいち）
元西日本ジェイアールバス社長。昭和39年富士重工業（株）群馬製作所入社。昭和46年群馬大学大学院（機械）修了・国鉄入社。昭和56年に運転局列車課補佐、昭和62年にＪＲ西日本鉄道事業本部運輸部輸送課長、平成２年に旅行業本部京都営業支店長、平成11年にJR西日本コミュニケーションズ常務などを歴任した後、平成19年に西日本ジェイアールバス社長に就任（平成24年退任）。西日本ジェイアールバス社長時代には、ツアーバスとの競合対策、JR大阪駅の高速バスターミナルの開業などを手掛けた。

交通新聞社新書081
高速バス進化の軌跡
１億人輸送にまで成長した50年の歴史と今
（定価はカバーに表示してあります）

2015年8月25日　第１刷発行

著　者――和佐田貞一
発行人――江頭　誠
発行所――株式会社 交通新聞社
http://www.kotsu.co.jp/
〒101-0062　東京都千代田区神田駿河台2-3-11
NBF御茶ノ水ビル
電話　東京（03）6831-6560（編集部）
東京（03）6831-6622（販売部）

印刷・製本―大日本印刷株式会社

ISBN978-4-330-58715-8

交通新聞社新書　好評近刊

最速伝説―20世紀の挑戦者たち―新幹線・コンコルド・カウンタック　森口将之
「満鉄」という鉄道会社―証言と社内報から検証する40年の現場史　佐藤篁之
ヨーロッパおもしろ鉄道文化―ところ変われば鉄道も変わる　海外鉄道サロン／編著
鉄道公安官と呼ばれた男たち―スリ、キセルと戦った〝国鉄のお巡りさん〟　濵田研吾
箱根の山に挑んだ鉄路―『天下の険』を越えた技　青田　孝
北の保線―線路を守れ、氷点下40度のしばれに挑む　太田幸夫
鉄道医　走る―お客さまの安全・安心を支えて　村山隆志
「動く大地」の鉄道トンネル―世紀の難関「丹那」「鍋立山」を掘り抜いた魂　峯﨑　淳
ダムと鉄道―一大事業の裏側にいつも列車が走っていた　武田元秀
富山から拡がる交通革命―ライトレールから北陸新幹線開業にむけて　森口将之
高架鉄道と東京駅［上］―レッドカーペットと中央停車場の源流　小野田滋
高架鉄道と東京駅［下］―レッドカーペットと中央停車場の誕生　小野田滋
台湾に残る日本鉄道遺産―今も息づく日本統治時代の遺構　片倉佳史
観光通訳ガイドの訪日ツアー見聞録―ドイツ人ご一行さまのディスカバー・ジャパン　亀井尚文
思い出の省線電車―戦前から戦後の「省電」「国電」　沢柳健一
終着駅はこうなっている―レールの果てにある、全70駅の「いま」を追う　谷崎　竜
命のビザ、遥かなる旅路―杉原千畝を陰で支えた日本人たち　北出　明
蒸気機関車の動態保存―地方私鉄の救世主になりうるか　青田　孝

読む・知る・楽しむ鉄道の世界。

鉄道ミステリ各駅停車──乗り鉄80年 書き鉄40年をふりかえる　辻 真先

グリーン車の不思議──特別列車「ロザ」の雑学　佐藤正樹

東京駅の履歴書──赤煉瓦に刻まれた一世紀　辻 聡

鉄道が変えた社寺参詣──初詣は鉄道とともに生まれ育った　平山 昇

ジャンボと飛んだ空の半世紀──〝世界一〟の機長が語るもうひとつの航空史　杉江 弘

15歳の機関助士──戦火をくぐり抜けた汽車と少年　川端新二

鉄道落語──東西の噺家4人によるニューウェーブ宣言　古今亭駒次・柳家小ゑん・桂しん吉・桂梅團治

鉄道をつくる人たち──安全と進化を支える製造・建設現場を訪ねる　川辺謙一

「鉄道唱歌」の謎──〝♪汽笛一声〟に沸いた人々の情熱　中村建治

青函トンネル物語──津軽海峡の底を掘り抜いた男たち　青函トンネル物語編集委員会／編著

「時刻表」はこうしてつくられる──活版からデジタルへ、時刻表制作秘話　時刻表編集部OB／編著

空港まで1時間は遠すぎる!?──現代「空港アクセス鉄道」事情　谷川一巳

ペンギンが空を飛んだ日──IC乗車券・Suicaが変えたライフスタイル　椎橋章夫

チャレンジする地方鉄道──乗って見て聞いた「地域の足」はこう守る　堀内重人

「座る」鉄道のサービス──座席から見る鉄道の進化　佐藤正樹

地下鉄誕生──早川徳次と五島慶太の攻防　中村建治

東西「駅そば」探訪──和製ファストフードに見る日本の食文化　鈴木弘毅

青函連絡船物語──風雪を超えて津軽海峡をつないだ61マイルの物語　大神 隆